沖繩自古以來，不是日本神聖不可分割的一部分

OKINAWA

朱宥任 著

琉 球 王 國 的 前 世 今 生

る ー ち ゅ ー く く

第六章 戰後的重建步伐：羽地朝秀的改革 159

餘聲：落幕之後 245

起點：琉球（沖繩）

「琉球（沖繩）」。桃園機場登機門前是這麼寫的。

沖繩，一個位於日本西南，臺灣東北交界之地。「沖繩縣」由沖繩本島與許多離島組成。離島彼此間的距離不一，有的像伊江島，自本島乘快艇半小時便能抵達。有的則像是與那國島，比起沖繩本島，距離臺灣還更近，甚至在視線清晰的時候，就能夠眺望臺灣東部。二〇一九年還有臺日學術單位合作，以古法技術，成功從臺東縣長濱鄉划船抵達與那國島，反而沖繩本島到與那國島，還需要坐船坐飛機才行。

臺灣人知道的沖繩，與「觀光」密不可分。說起臺灣旅客最愛造訪的國家，日本若是第二，那還眞猜不出第一是哪裡。就劃分，沖繩當然是日本，而且是離臺灣最近的一個日本。這裡同時還有著與臺灣相仿的南方海島風情，即使是在農曆春節期間，仍常有二十度以上的溫暖天氣，有如到了臺灣中南部一般。夏天更是能盡情享受陽光沙灘，欣賞清澈見底的美麗海洋。

網路上曾經掀起一股論戰，將沖繩與墾丁做比較，探討哪方才是更適合的旅遊去處。其實也稱不上「戰」，網友對墾丁仗恃坑殺觀光客積怨已深，致使意見一面倒地向沖繩傾斜。如今（疫情前），造訪沖繩的臺灣觀光客，數量高居所有國家中排名第一，比起中港還是韓國歐美，都沒有像臺灣這麼著迷沖繩。無論在牧志市場採買、美麗Sun海灘休憩、或是到水族館欣賞海洋生物，聽到中文而且是臺灣口音，都是再正常不過的事。

正在大廳等候，準備搭機的客人們，確實一個個都做觀光客裝扮，準備到這座既是日本，但又跟日本其他地方不同的小島，來度過他們的假期。

標示「琉球（沖繩）」的登機門看板

班機的電子看板上寫得清清楚楚：是「琉球（沖繩）」，不是只有「沖繩」而已。「琉球」二字是此地過去的名諱。不過，其他登機門可不會標示「江戶（東京）」、「那古野（名古屋）」、「蝦夷（北海道）」這種麻煩的名稱，卻只有沖繩特別是如此。

說到底，這個地方在過去，確實不是日本的一部分。

關於琉球（沖繩），早期的文獻紀錄不多，僅能從考古挖掘略知當時的社會概況。到了明朝時期，琉球總算建立了統一政權，並且因爲和周邊往來的關係，開始留下較爲完整的紀錄。此政權通稱「琉球王國」，雖建立初期仍飽受內亂和政變困擾，但靠著海上貿易的發達，成爲東北亞的一顆明珠。

然而進入十七世紀，日本薩摩進攻琉球，琉球軍不敵戰敗。雖然政權未被廢除，但一定程度遭到限制。不過，此時琉球又繼續在夾縫中求發展，打造了獨樹一格的文化。直到十九世紀後段，日本明治政府決心完全併吞琉球，於是在臺發生「牡丹社事件」成爲了導火線，最終使得「琉球王國」離開歷史舞臺，沖繩縣粉墨登場，和後來割讓的臺灣一度同屬日本轄下。可是在二戰期間，美軍在逼近日本本土的作戰中，選擇沖繩而放棄臺灣進行登陸，造成死傷慘重的「沖繩戰」。戰後美軍也因此繼續管理著沖繩，直到一九七二年才還給日本政府。

沖繩麵與炊飯套餐

直至今日，沖繩本島至今仍有許多美軍基地。

才被日本統治一百多年的沖繩，在日本的地位也一直處得微妙。沖繩至今保有著許多承襲自琉球的文化、習俗和語言等等。如果問：在日本四十七個都道府縣中，哪個地方「最不像日本」，沖繩絕對高居榜首。

而就我一個臺灣人來說，則有另一個看法：如果要選一個世界上最像臺灣的地方，那麼這個答案就非沖繩莫屬。我在沖繩待過一段時日，包括留學、實習和工作，深深體會到在地深入骨髓地與臺灣相似。不只亞熱帶的溫暖天氣像，和善不拘謹的人們像，去了在地餐館，點上一份沖繩麵搭配炊飯套餐，都覺得把菜名改爲「焢肉湯麵與油飯套餐」，好像也沒什麼不可以。連在地的文化雜誌，都曾稱呼兩地爲「兄弟之島」。

其中最像的地方，就是兩國同樣不斷夾雜在列強大國之間的命運，甚至還同樣都有先中國，再日本，接著美國的次序。而在翻騰之中，這兩地也都誕生了屬於自我的本土意識。稍有不同之處在於，沖繩過去確實就是一獨立國家「琉球王國」，因此在打出「琉球」這個旗號時，幾乎不需要任何解釋就能證明獨立性。相較起來，臺灣獨立本土意識的建立，一路走來可說是相當顛簸，現在雖然比過往好上不少，但仍有許多未竟之功。

如今登機門上這麼標示，或許和臺灣目前的執政勢力有關——我說的是中華民國，一個曾經自詡中國正統政權，並以此打過琉球（沖繩）主意的國家。這只是我個人的一個猜測，不過倒也是一種沖繩的特殊性。然而這樣的關係，在臺灣其實已被淡忘已久，多數人對琉球王國的認知，僅止於觀光時看過首里城，聽過一些簡略的介紹等等而已。明明是「兄弟之島」，其實對彼此卻不甚熟悉。

一個因為牽扯到臺灣，而走上滅亡之途的國家，且今生又與臺灣如此的相似。作為一個臺灣人，實在忍不住對它有更多好奇。好多疑惑都還等著解答，但可惜的是臺灣研究琉球的資料實在不多，坊間書籍更是少之又少。既然在臺灣沒辦法，那就只好自己來了，那些古蹟城跡，還有散落四處的紀念碑，也有親自見證的必要。還有「沖繩歷史試驗」，這是我給自己設定的目標，提醒自己雖然是興趣使然的研究，但總要有個東西督促自己。

上了飛機。是工作，是過日子，是沒有時程表的琉球王國探索之旅，就這麼開始了。

第一章

建國神話的開端：舜天和英祖王朝

那霸機場，當今沖繩的入口。無論是從日本內地外國前來的觀光客，抑或是沖繩其他離島的人，幾乎是得從這裡進入沖繩本島。許多人的旅途或許從此刻就已經開始，好比座落於機場一角，販售「豬肉蛋飯糰（ポークたまごおにぎり）」的店家，顯然就是眾多遊客一下飛機直奔的目標。該飯糰樣式和日式海苔飯糰差異不大，但特色是中間夾了一塊「午餐肉」，這塊來自美國的醃肉在港點及韓國料理等等都能見到，而沖繩也是。單吃的味道不怎麼樣，然而和日式飯糰卻非常搭，與包豆腐或炸苦瓜等等創意吃法的搭配更是一絕。

既然有這麼多人聚集，那霸機場就和旭橋、縣廳前兩處一樣，是那霸市大眾交通的樞紐。由於島上的美軍基地占據大片面積，使得沖繩島上的大眾交通始終難以施展。雖然有一條的單軌列車，但路線全長才十七公里。相對於臺北捷運最短的「松山新店線」，全長都有二十一多公里，因此沖繩單軌列車能去的地方自然受限。電車一邊底站為那霸機場，線上的車站則分布於那霸市和一小路段的浦添市。

除了單軌電車之外，再來就剩公車、巴士了。不過每當有人問我來沖繩玩如何時，我一律建議對方租車自駕，沒辦法才搭公車。沖繩的公車是不少，應付熱門景點還算有餘，就是東繞西繞，搭起來浪費時間，而且不準時也是家常便飯。沖繩對時間的輕忽態度，還讓他們有了「沖繩時間（ウチナータイム）」這個別號。守時雖然也是臺灣人的痛處，不過難得出來玩一趟，當然不希望時間被花在等車坐車上。

不過，若是不管時間、班次等等問題，搭巴士確實能抵達沖繩的各個角落。在辭掉工作的某天清晨，我搭上了「山原急行巴士」。山原（やんばる）泛指沖繩本島北部地區，這裡的地形破碎，開發程度一直都不高。其實這輛巴士雖然如此取名，但也沒眞的深入到山原地區。它所抵達最北的底站，是北部的港口「運天港」。

運天港位於今歸仁村，今歸仁在琉球王國時代，是治理北部的中心據點。以心型石、蝦仁飯聞名的古宇利島，雖然現今在有跨海大橋與本島相連，但在更早之前時，都必須由運天港搭船才能過去。

如今比起這個港，觀光客幾乎都選在前幾站的海洋博公園或美麗海水族館下車。那兩處可說是來沖繩玩的標配行程，事實上它們的確是沖繩觀光的灘頭堡。沖繩在一九七二年結束美軍託管，當時接收的日本政府立刻計畫在沖繩發展觀光，於是在一九七五年，沖繩舉辦了「海洋博覽會」。現在難以想像的是，這場投入大量資源，本來預期可成爲經濟「起爆劑」的盛大活動，最後卻成爲災難級的失敗。由於沒有帶來如期的效益，讓許多沖繩民眾痛罵博覽會根本就是「自爆劑」。不過，海洋博覽會本身雖然慘烈收場，但是相關設施如今轉型成園區，後來又在一旁蓋了這座美麗海水族館，算是有繼續替沖繩招來遊客。

我從機場搭車，起站加上天還沒亮，毫無疑問是第一個客人。司機看我帶著大包小包，問我是不是要去水族館。我說不是，我要去運天港。

「運天港？」

只有一種人會去運天港：要在運天港搭船的人。我想去伊是名島，那可不是什麼常人會去的觀光景點。且除此之外，我還想在港口附近找樣東西。

司機看了看外頭天氣，提醒我：「船可能不開喔。」

眞的不開，那就改去水族館吧。但無論如何，想起動探索琉球王國的旅程，我是非得去運天港跟伊是名島的。

當天司機的預料不幸成眞，使得我必須折返至名護駐留，晚了幾天才如願。再次抵達運天港那時，港口大廳人不多，穿著打扮一看就知道本地人，是怎麼看出來的我也說不上，反正待夠久就能感受。

趁著開船前的空檔，我先去找尋第一個目標，也就是琉球官史第一頁就有記載的那回事：源爲朝公上陸之碑。

運天港大廳

「琉球」的起源

「琉球王國」——現在都是這麼稱呼這個沖繩前世，直到一八七九年仍存在的政權。可是這個國家的誕生，其實有著相當多的謎團與傳說。就連「琉球」兩字，本身都打上了一堆問號。

明朝以前，中國的史料已經出現若干次「流求」、「留求」等與「琉球」相似的名稱，例如隨書就曾提及「流求國」，說隋朝派軍擊敗了流求軍，燒了他們的宮殿，俘虜男女千人。元朝也有發兵進攻的記載，稱元世祖和元成宗兩代時都曾對「瑠求」動武過。三國時代，東吳孫權曾出兵「夷州」，也有是不是到了琉球島的猜測。

隋朝、元朝時代的事情，雖然也有記入琉球官史之中，但琉球建成官史的年代，都已經是滿清入關後的事了，時間上明顯偏晚，因此這個紀錄並不可能是第一手，還不排除是編纂人員看了中國的史料，沒經過多加查證就直接抄過去的可能，難以作爲上頭寫的琉球，與後來相同的證據。

直到明朝，琉球的中山國王察度和明朝建交，保持往來關係之下，才比較可以確定這時記載中「琉球」指涉的，就是現在的沖繩。

至於「沖繩」這個稱呼，起源說則有別於「琉球」的中國系統，是來自日本方面。據說是當時沖繩方言中的自稱，讓日本人聽成了「おきなわ」。而「おきなわ」這個名字，最早在《平家物語》便已出現。另外，《鑑眞和尚東征傳》也記錄過「阿兒奈波（あこなは）島」。到了十七世紀，薩摩藩挾持琉球王國政權，將其視爲轄下領區。於是製作以國爲單位的「正保國繪圖」時，便以漢字

「惡鬼納（おきなわ）島」標註琉球。除了發音類似之外，還暗指此島本來住著作亂的惡鬼，但被江戶幕府和薩摩藩的正義之師所馴服的意思在。

不過當時的日本，在正式場合主要還是使用「琉球」的稱呼。直到一八七九年併呑琉球後，或許是因爲要淡化與中國間的關係，因此才停用這個名稱，改用「沖繩」代替。到了二戰後的美軍統治時代，美軍政府又有意思做區隔，變成鼓勵使用「琉球」之名，除了政府機關名爲「琉球民政府」外，琉球銀行、琉球大學等也是出現於此時。如今「沖繩」是正式名稱，不過「琉球」之稱仍經常被使用，特別是在想強調地緣特殊性的時候。

正史中的琉球

知道「琉球」之名從何而來，再翻開琉球史冊，看看對琉球起源是怎麼說的：在《中山世鑑》這本琉球王國最早編竄的官方史集，寫著琉球最早由天神「阿摩美久」創築，接著由天孫氏進行統治，教導人民農業及倫理，並將之比喻爲中國的三皇五帝。

到了日本平安時代，有一位名爲源爲朝的將軍突然來到琉球。當時日本天皇間產生政治鬥爭，引發成爲大規模的戰亂，史稱「保元之亂」。源爲朝是其中一位將軍，弓術過人，但在保元之亂中戰敗且下落不明。相傳浪跡四處的他，就曾經來到過琉球。當船開往琉球途中時遭遇暴風雨，隨時都有沉船危機，源爲朝便祈求「運氣全憑上天決定」。爾後源爲朝挺過風災，成功上陸，這就是「運天」之名的起源。

來到琉球的源爲朝，與大里按司（「大里」是地名，「按司」則爲地方貴族、首領之類的稱呼）妹妹相戀，並生下一子，名爲尊敦。不久後，源爲朝打算帶著妻小回到日本，但數次出航都遇到風浪受阻。船長告訴源爲朝「因爲船上有女人，所以觸怒了龍王」。源爲朝只好將妻小留在港口，並相約未來再度重逢。妻子日後經常抱著孩子，在浦添盼望著丈夫歸來，但始終沒能再見到面。她等待源爲朝的地方，被稱爲「待港（マチミナト，今浦添市牧港）」。

兩人生下的男孩尊敦（舜天），少年時就器量不凡、才德兼備，因此年僅十五歲就當上了浦添按司，治理能力頗受認可。在天孫氏王朝傳到第二十五代時，國王遭到大臣利勇殺害，王位被利勇奪走。當時的浦添按司尊敦看不下去利勇的行爲，起兵反抗利勇。

尊敦起義此時，不過才二十二歲。但因爲尊敦高尚的人品，各地紛紛響應他的義兵之舉。利勇辯護說是先王無德，他才取而代之的，尊敦一介孤窮匹夫豈敢起兵反抗他。尊敦則回罵利勇你既然深受國恩，理應效忠國家，但卻做出弒君這種大逆不道的行爲，因此他是「倡義誅賊，以謝天人之怨」。後來尊敦軍成功攻破城門，利勇眼看大勢已去，只得殺妻之後自刎。

尊敦認爲自己只是討伐逆賊，無意取代義勇成爲國王，但在眾人的推舉下，辭退多次後總算是答應下來，被稱做「舜天王」。舜天王治國賞罰分明，百姓安和樂業，成爲一代賢君。

相傳舜天頭上右邊有顆像角一般的瘤，爲了蓋住瘤，他總是將頭髮結髻於右側。結果因爲當上國王，眾人們便效法舜天的髮型，稱爲「欹髻（かたかしら）」。直到琉球滅亡之後的明治三十年代左右，依然有不少人留著這種髮型。

埋沒的紀念碑

因此，琉球正史的第一章，可說是由源爲朝這位日本將軍開啓的。在那之前雖記述有天孫氏時代，說他們在首里建都，劃分行政區域爲「間切」，並由「按司」管理各地。但儘管號稱傳了二十五位國王，可講得出名字的居然沒半個，相當令人存疑。

對此，史書的解釋爲「但世代之初，書契未興，治亂盛衰。姓名事功之屬，靡從詳考。其無如之何而已」，意思是以前沒白紙黑字寫下來，又因爲動亂的關係，已經難以詳細考證了。雖然在想像中，官方的資料應當更具嚴謹性才對，可其實琉球許多史料並不盡然。既然指出「天孫」、「二十五位國王」這些明確情報，想必有一定的把握。可是，官方自己又同時承認，這東西要證據沒有。如此瑕疵幾乎伴隨著整部琉球史，許多地方還明顯出現極爲超現實、或者兩種以上說法，令史家頭痛不已。不過對我這種看熱鬧的人來說，倒別有一番趣味。

「源爲朝公上陸之碑」就在運天港的附近。至少以Google地圖來看，它應該在走路二十分鐘以內能到達的地方，但實際要找此碑的難度卻高得多。它本身被埋在某個山凹小徑內，在荒涼無比的走道中，會發現某處轉角有一小塊不起眼，以致於我來回數趟才發現的告示牌指引。而往那塊牌子指向的地方望去，會看到路途連像樣的步道都沒有了，只有及腰的雜草堆，以及更高的雜草堆。

我一路走來戰戰兢兢，沖繩蚊蟲不在話下，毒蛇流竄也是有名的，沖繩知名的「波布蛇」據說只有水就能存活數個星期，毒牙咬傷人會產生出血等症狀，嚴重可能致死。不過雖疏於管理，指標到底還是可信。朝著那個方向走一小段路，還眞能見到有個涼亭，以及這位日本將軍的碑。即使也是幾十年沒人整理過的樣貌，但涼亭水泥臺至少不生雜草，可以小鬆口氣。而那「源爲朝上陸之碑」則深深埋在草叢堆中，旁邊有一小盆香爐，說是要給人參拜嘛，一旁可是連給人好好

源為朝公上陸之址

站著的空間都沒有。

沖繩許多一線以下的古蹟都有類似狀況。除非少數如首里城、識名園一般，藉由觀光找到了在資本主義社會中重生的機會以外，其他像這個碑一樣，留存著但是只有雜草陪伴的古蹟，還眞不少。因此讓人困擾的是，這究竟該視爲純粹的人力保養疏忽，還是一度因政治考量而浮上檯面的「爲朝來琉之說」，也在失去它的政治企圖之後，慢慢被捨棄了呢？

源自日本的王？

如前所述，源爲朝、舜天的歷史本身缺乏佐證資料，疑點也相當多。首先光是舜天這個王，到底只是傳說，還是眞有其人都是個問題。源爲朝是十二世紀的人物，而「爲朝傳說」則能追到西元一六〇五年，由僧侶袋中良定編著的《琉球神道記》便已有記載，舜天王的部分則有些碑文中提及，由此判斷在源爲朝五百年後，此說已經流傳甚廣。

一六〇九年，薩摩島津入侵琉球。薩摩軍從運天港上岸，順利打到首里城下。琉球王國雖然未滅，但政權從此遭薩摩挾持。往後，立場與薩摩藩親近的琉球重臣羽地朝秀，編纂了第一部琉球官方史書《中山世鑑》，其中寫入了舜天是源爲朝之子之事，使得此說從此進入正史記載。但如前所述推算，舜天即位之時應屬一一八七年（約南宋孝宗年代）。《中山世鑑》則於十七世紀中葉才編成，兩者年代差太遠。加上作者政治傾向和當時琉球政權背景，於是當然讓人會聯想其中有刻意操作的成分。

琉球王國日後變成「沖繩縣」，和統治臺灣不同的是，臺灣的同化與皇民化推行的較晚，可是在琉球，日本從一開始就推行日琉本是同根生，日琉同祖「一家親」的概念。每當日本官方想強調琉球「本來就是大日本帝國神聖不可分割的一部分」時，「日琉同祖」說就會再度被強調。

運天港附近山丘上的「源為朝上陸紀念碑」於一九二二年建造，就是處在這種時空背景下。當時的立碑單位為「國頭郡教育部會」，題字者則是在日俄戰爭中大出風頭的名將東鄉平八郎，政治操作的痕跡可見一斑。如果打從一開始就是為了特定政治傾向服務，那麼輕率蓋棺認定是否妥當，恐怕也不在當初的考慮範圍內吧。

此外，因為世道紛亂，英雄挺身而出，討伐前面勢力的這種「易姓革命」劇本，更是受到忠孝節義觀念下影響的產物。如此套路無論在中國還是日本都相當流行，深受兩國文化影響的琉球也學到這套，其實並不意外。但正因人性的複雜甚於小說之言，過於精彩、戲劇化且強調善惡二元對立的說法，反更顯得是經由斧鑿而來。

優柔寡斷的義本王

說到忠孝節義，就讓人聯想到在中國的二十四孝裡，同樣也有位名為「舜」的人物。在傳說故事中，舜多次遭到後母迫害，但仍堅持孝道，讓他獲得堯的注意，先是把女兒嫁給他觀察。接著舜入朝為官，輔佐堯處理政務，證明自己的能力與品格，最後受禪讓成為了新帝王。

此後，「禪讓」成為一個看似美好，實則每次出現，都是被操弄過的用詞。往後想僭越帝位的權臣，都會事先布置一番，上演一齣假惺惺的「禪讓」大戲，把自己奪權稱王弄得名正言順。算是禪讓的始祖堯舜禹湯等人，近來也多有推翻其說的見解，認為實情都是政變和鬥爭，與舉賢繼承的美談相差十萬八千里。

參考了易姓革命的琉球史，同樣也上演了禪讓的這一套。而進行禪讓的主角，則是舜天王朝的第三代，也是最後一代國王「義本王」。

義本王人雖不壞，但「天資削弱，仁而少斷」。傳說在義本王年間，乾旱、疫病、飢荒等災況接踵而來，百姓生活在水深火熱之中，甚至有一半人口喪生。感到自責的義本王，在玉城裡堆滿了柴薪，自己坐在裡頭，並命令臣下放火，打算以肉身贖罪。正當火就快燒到義本王的時候，天上降起了雨澆熄火焰，才讓義本王不至於葬身火窟之中。

另外在傳說中，義本王在位期間某年旱災，鬧了整年都沒有平息，導致農作物歉收、疾病擴散，許多人因此喪命。其中一個叫做屋良漏地的地方，經常有妖怪大蛇出沒。大蛇破壞田地、呼喚風雨、還會危害人命與家畜，使得此地災情更為雪上加霜。

義本王為了鎮壓大蛇，只好以保證其家族可以得到任何他們想要的東西為條件，徵求肯擔任儀式祭品犧牲的人。後來，一位住在宜野灣間切，名為眞鶴的姑娘，表示願意委身當作祭品。

眞鶴來自於士族之家，但父親早已死去，她則和母親與弟弟相依為命，生活十分貧困。原先弟弟也希望自己能去當祭品，兩人的目的都是爲了能讓家人過上好一點的生活，但最終是由眞鶴出面。

儀式當天，眞鶴穿著白色的裝束，周圍則聚集了許多來看儀式的民眾。隨著儀式的進行，大蛇也從水裡竄出，其半身在水中，半身則直衝雲端之中。突然間烏雲密布，雷雨交加，一道閃電直擊大蛇的頭頂，瞬間將兇猛的妖怪大蛇打成一具焦屍，大蛇之禍就此平息。

目睹這一切的義本王，認爲這是眞鶴孝心感動上蒼所產生的奇蹟，於是將眞鶴許配給王子，眞鶴的弟弟則和王女成親。這段故事後來被發明組踊（類似琉球版本的歌舞劇）的「劇聖」玉城朝薰，寫成劇碼《孝行之卷》，成爲最早的組踊作品之一。屋良漏地往後也仍保有於農曆六月十五祭拜的習慣。雖然這段傳說是記於正史之外，不過義本王人很好，但從頭到尾對解決事情一點幫助也沒有的軟弱形象，又再次演繹了一番。

根據大蛇傳說改編的組踊《孝行之卷》

義本王行蹤之謎

然而，義本王還是深感自身的不才無德，導致國家陷入困頓之中，因此也萌生退意，開始向臣下探尋新王合適人選。此時，眾臣推舉了「英祖」這號人物。義本王先讓英祖擔任攝政之位，試探他的能力。結果在英祖執政期間，災荒平息，國力逐漸恢復。於是在英祖攝政七年之後，義本王決心「禪讓」，由英祖繼承國王的寶座。雖然英祖再三推辭，但由於眾臣們也贊同這個決定，最後英祖即位，義本則從此在史書的紀錄上消失。

雖然義本王是「禪讓」交出王位的，因此獲得史書正面評價，沒有像其他許多「亡國之君」一樣留下差評。但他退位之後到底去了哪裡，卻成爲琉球史上的謎團之一。

現今存在的「義本王之墓」，其實高達十個地方。包括北部的國頭地區有七個，中部的北中城地區有一個，就連比沖繩本島再北，理應在當時未必是琉球領土的奄美大島，也有兩個義本王之墓。

仔細一想，義本王被英祖取代的過程，不也正和堯舜禪讓頗爲類似嗎？既然堯舜禪讓都有問題了，加上有著這麼多假墓，於是誕生了一個說法：義本王並非「禪讓」給了英祖，而是英祖反過來發動政變，逼宮義本王奪得政權。而失去大位的義本王雖得以倖存，但爲了躲避英祖追殺，因此假造自己的墓，讓別人以爲他已經去世。同時爲了擺脫英祖的人馬追蹤，只能不停輾轉各地，才會到處留下了義本王的足跡，甚至到了北方的奄美大島都有。

義本王易位的眞相究竟爲何，現今難以得知了。而舜天王統就在此三代中結束，接下來的琉球統治者，則是「太陽之子」英祖王。

「太陽之子」英祖

前文曾提及沖繩的單軌列車，本來的行駛範圍是從機場到首里城。二〇一九年十月，單軌列車才正式加開新站，原先東向的終點站改成了浦添市的「てだこ浦西站」。「てだこ浦西站」旁邊有一大塊綠地，其中包含了有著大型遊具，頗受親子遊客歡迎的浦添大公園，還有沖繩戰時的戰場之一，因好萊塢電影《鋼鐵英雄》聲名大噪的「前田高地」。此外，英祖王朝時期的政治中心浦添城，其城跡亦是坐落此處。

據說本來車站的名字，是暫定為「浦西站」，但在公開募集之後，決定加上「てだこ」一詞。「てだこ」在琉球語中為「太陽之子」之意，而英祖為「英祖日子（えそのてだこ）」，可說如今在浦添站採用てだこ這詞，顯然在強調此地與這位傳奇君王的關係。

英祖生於浦添的伊祖城。他父親是伊祖按司，名為惠祖，是琉球初代王統天孫氏的後裔。惠祖為人好善，但始終膝下無子。惠祖晚年時，有天，他的妻子夢到日輪飛入懷中，之後便出現了懷孕徵兆（另有夢見天神之說）。臨產之時，房子裡映照出了萬丈光芒，室內充滿了神奇的香氣，接著夫人便生得一位男孩，英祖王就這麼誕生了。

英祖年少就有才華，因此被眾臣推舉成為新王人選。取代義本王即位後的英祖王以德治國，不用嚴刑峻法，並巡視田野，明確劃分農地的區間，平均徭役提高生產，琉球因此國力蒸蒸日上。結果，沖繩本島周邊的久米島、慶良間群島與伊平屋島等地仰慕英祖王朝威名，紛紛前來投靠，甚至連沖繩與九州之間的「大島」奄美大島都派使者來到琉球，表示願意入貢。

奄美大島入貢之事，就連英祖王本人都感到訝異，他問使者：「你們的領土有海相隔，不是我們所管轄的地方，爲何還要來入貢呢？」大島的使者回答：「最近我們島上都沒有風雨天災，五穀豐收，這肯定都是大王的仁德感動上蒼，因此自願前來入貢。」英祖王聽了非常高興，給了使者重賞，此後大島每年都來入貢。而爲了招待這些來貢者，英祖王也增設公館館舍及安排專人處理，並建立倉庫收藏諸島入貢的貨品。

英祖王還整備了伊祖城附近的浦添城。雖然當初舜天就號稱統領浦添，但從考古挖掘來看，浦添正式的城池修整建設，則大概是在十三世紀左右進行的。而和舜天的存在本身就飽含疑問不同，考古成果大幅加強了英祖政權確實於史實存在的依據。因此有歷史主張認爲，既然舜天王的眞實與否曖昧不明，那麼琉球的眞正初代國王，應該屬於英祖才對。

在英祖統治期間，一位名爲禪鑑的僧人坐船來到那霸，英祖旋即在浦添城西方修築一寺院，取名爲「極樂寺」，將禪鑑安置其中，據說這便是佛教傳入琉球的起點。他也在浦添修築陵墓，稱爲「極樂陵」，如今在浦添城跡一帶便能找到。

這時期正逢蒙古統治中原，建立元朝的時候。元世祖忽必烈先是將「流求」名稱改爲「瑠求」，接著派楊祥等人率六千兵力前往征伐，但部隊出海後，馬上「遽會一山軍，相戰小挫」，沒能抵達琉球就引兵折返。

後來元成宗即位，福建省平章政事高興建議再次發兵，這次元成宗派張浩等人率軍前來，但因琉球民眾深受王化，合力抵抗，因此讓元兵無計可施，只好俘虜一百三十人回國交差。這兩次出兵均記載於琉球官史內，但情節實在太混，可信度不好說。

不過除了戰爭之外，近代遺跡考古挖掘下，也發現差不多的年代中存在有疑似高麗的瓦片和中國的瓷器等東西，說明英祖時期應該有與東亞諸國交流的狀況。與其相信來自英祖個人的神威蓋世，或許各方器具與技術傳入琉球，商業活動頻繁，才是英祖王朝時期造就繁榮的可能原因吧。

走向群雄割據

傳說英祖王在位四十年，活到七十一歲之姿過世，死後葬在前所述的極樂陵墓中。英祖王的死去當然引起一片哀悼，琉球民眾們「深山窮谷，亦皆奔走悲號，如喪考妣」，將英祖奉為希世賢君。

這畫面說來也熟悉——不就像在形容堯舜禹湯嗎。

爾後即位的大成王在位九年，期間行事敦厚，常以仁義禮讓待人接物，維持住了自英祖王朝以來的太平盛世。下一位英慈王也謹守本分，但卻稍稍的被史書唸了一句「而無賢佐」，頗值得玩味。對比前面的英祖王或大成王，顯得似乎有意要埋伏筆。

果然，到了第三代玉城王時，便說他好玩樂遊獵，貪圖酒色怠於政務，甚至不行朝覲之禮，結果各地按司不上朝就算了，還乾脆自立門戶，使琉球分裂成「北山」、「中山」（英祖王統）、「南山」。原先前來進貢的諸島們也停止入貢，中山勢力愈發衰微。

再下一任西威王即位時才十歲，政權旁落至母親頭上。中國史上談到外戚掌權，便是死亡立旗的徵兆，來到琉球自然也不例外。果然，西威王期間亂政，害得有賢能的人退去，小人們紛紛出頭，國家也就越來越沒落。西威王年僅二十二歲就去世了，眾人們決定廢除王子，改推浦添按司察度爲新王。

隨著察度的上位，以及北中南三分，琉球進入群雄割據，動亂的「三山時代」。

第二章

戰國與英雄傳說：動亂的三山時代

那霸市是沖繩縣的政經核心，自然也是沖繩人口最稠密的地方。人往政治中心靠攏是常態，當時在沖繩戰後，那霸就是率先復甦的地區。即使各地都開始出現大型商場，但縣廳前的琉貿百貨公司，仍長期坐擁「沖繩唯一一家百貨公司」的名號。而縣廳旁的「國際大街」更是代表沖繩的繁華街，這條迅速發展的商圈，因為有著沖繩戰後第一家電影院「恩尼派爾（Ernie Pyle）國際劇場」而得名。如今該電影院已不在，街上的風貌大有不同，不過擠滿人潮這點倒還是沒變（除了疫情期間）。

對比之下，一離開那霸市，只要多開個幾十分鐘距離的車程，畫面很快就會從都市變成郊區，郊區再變成鄉村。幾層樓高的大廈自然沒有，連房屋與店家的密度都垂直下滑，許多建築貼著招租廣告，條件看上去挺是誘人，房子卻仍一直空在那邊也不稀奇。

在距離那霸市兩個小時以上車程的北部地區，即使是人口相對密集的名護市，熱鬧程度還是跟那霸差了很大一截。就連名護最繁榮的街道，幾乎在晚上八點時，就已經看不太到店家的燈光。有一回我旅行下榻名護，歸程時間晚了點，還沒吃過飯，又不想屈就便利商店，結果走了好一段路，才找到一家中華料理餐館有開。從店裡的提示來看，他們似乎對自家的手工餃子頗是自豪，可惜吃進嘴裡的味道沒說服我。起碼比微波食品好一些，只能這樣安慰自己。

沖繩本島的面積約一千兩百多平方公里，和桃園市差不多大。然而南北地形狹長，地貌有一定的變化，且聽說連各地方言都不一致。從歷史上來看，浦添、首里、那霸，這些過往曾是琉球中心的地方，都偏落在沖繩島西邊的中南部，自古以來的底蘊是其他地區無法相比的，特別是首里和那霸（現今首里歸在那霸市底下），也難怪現在仍是沖繩最繁榮一塊區域。

然而，琉球過去曾經有一段群雄並起的時期，當中最有角逐天下的勢力之一，就以北部的今歸仁為中心發展，稱作「北山」，和浦添、首里的「中山」及「南山」對峙。北中南三強的競爭，最後由中山統一劃下句點。歷史畢竟是由勝利者所寫，因此在史籍中，「中山」之名就此成為王國中央的代稱之一，而其他地方再怎麼樣，也只能說是陪襯。

如果當時不是中山，而是北或南，抑或是其他地區的強者競爭獲勝，那麼今日的沖繩樣貌肯定會不一樣吧……雖偶爾會這麼想，但歷史不討論如果。繁榮起來的北部會是什麼樣子，沒那麼熱鬧的那霸會是什麼樣子，現在也只能用想像的了。

琉球戰國時代

史籍指出，琉球因為英祖王朝的末期衰敗，才造成境內勢力四分五裂。此刻的琉球分為北山、中山和南山三大勢力，所以也被稱為「三山時代」。但其中對如此輕易就分裂的細節交代不清，自然又引起諸多猜測。

相較於記載的「三山分裂說」，研究琉球歷史的先驅，被稱為「沖繩學之父」的學者伊波普猷反而提出另一種「三山進化說」：他認為琉球早期應該是各地充滿地方聚落，這些勢力以「城（グスグ）」為中心發展，而所謂琉球過去的王，例如舜天、英祖等人，也很可能僅是諸多分立的類城邦政權之中，實力較強大的幾位。這些勢力在不斷大吃小之下，最終發展成三大主要的統合勢力，也就是後來的「三山」。

此說雖然與琉球官史不符，不過我也認爲，「三山進化說」較琉球本來就是統一的說法，更符合現今對文明發展的一般認知。包括前述幾次王朝覆滅的情況時，經常出現「諸按司不上朝」或不肯出面幫助國王的橋段，也能看出即使坐擁國王之名，但底下並不是那麼乖乖聽話，稱不上是牢固的中央集權。

這些割據的琉球政權，自然各個摩拳擦掌，都希望自己是最後一統琉球的那一個。於是，琉球最動亂的一段「戰國時代」，就隨著英祖王朝的沒落而展開了。

琉球版羽衣傳說

英祖的血脈下臺後，中山由一位叫起「察度」的王接管政權。一般臺灣人或許不會知道察度是誰，但如果說到他的故事，想必能令許多人耳熟能詳：

在謝名村有一位名叫奧間大親的農民，他因爲生活貧困，一直沒有結婚。每天結束農事之後，他都會到一個叫森川的地方去清洗。

有次，他一如往常前往森川，突然發現有位美女正在水中沐浴。那位女人的動人美貌，是世間任何言語都無法形容的。奧間大親從來沒見過這個女人，猜想她一定是從別處來的訪客。接著他悄悄走進，注意到女人的衣服掛在樹枝上，樣子看起來也非比尋常。奧間大親於是偷偷拿走衣服，藏在草叢內。

藏起衣服的奧間大親裝成若無其事的樣子，出現在女人面前。女人見到奧間大親嚇了一跳，急忙想找衣服遮蔽，卻怎麼樣也找不著，於是女人便開始哭了起來。奧間親切地詢問她哭泣的原因，她才表示其實她是天女，但若是失去了羽衣，就無法再回到天上了。奧間便告訴她，在找到羽衣之前，可以先借住在他那裡，天女同意了。後來兩人結為夫妻，生下一女一男。

有天，姐姐帶弟弟玩耍，無意間唱道：「母之飛衣，在六桂倉；母之舞衣，在八柱倉。」天女這才終於知道羽衣的下落，她找到了羽衣，準備要飛回天上。奧間大親和女兒放聲痛哭，天女也感到不捨，三番兩次飛回地面，但終究還是隨著清風離去了。而那名身為「天女之子」，血統不凡的男孩，在日後出人頭地，成為了中山王「察度」。

以上就是察度王的誕生秘話，相信許多讀者看了，一定會立刻發現「這不就是七夕的故事嗎」。事實上這個「羽衣傳說」，男方偷看女方洗澡，偷走人家衣服，兩人因此成親的套路，除了華文圈以外，亦在日本或其他地方廣泛流傳。因此夾在日、中兩國間的琉球同樣出現並不奇怪。

琉球版的「羽衣傳說」發生地點在宜野灣。宜野灣的普天滿宮附近有個告示牌，上頭同樣記載著察度王誕生的故事，底下還附有插圖。牌子上記載的版本有些細節差異，例如奧間大親是先把衣服偷藏回家，才又出現在天女面前，以及姐姐唱歌的原因是在安撫哭鬧的弟弟，歌詞中帶有「如果再繼續哭鬧，就不讓你穿放在高倉中的天衣囉」等詞，但內容則大致相同。

有趣的是，一般羽衣傳說主要都想強調男女情愫，好比七夕牛郎織女的版本便是如此。但在琉球，羽衣故事卻變成了一位帝王的起源傳說。上述故事最後提到奧間大親與天女生下的「察度」，長大後當上了浦添按司，甚至在後來取代英祖王朝成爲中山王。「天女之子」的名號，雖是強調其本身的出身不凡所用，但在故事中，察度之父奧間大親的作爲以現代角度來

はごろも伝説
むかし、謝名村に奥間子という働き者の百姓がいました。奥間子は毎日仕事が終わると森の川でスキやクワを洗っていました。その日、いつものように森の川に行くと、見たこともない美しい着物が池の
にかけてありました。奥間子は、「こんな美しい着物は見たことがない。我が家の家宝にしよう」と、着物を家に持ち帰り、高倉の中にしまいました。再び池に戻ると、そこにはこれまた美しい天女が水
ているではありませんか。奥間子が木の影から見ていると、やがて天女は池から上がり、大切な着物がなくて大変困っている様子でした。奥間子は親切に話しかけ、天女を家に連れて行き、着物を貸して
た。そのうち二人は夫婦にな、女の子と男の子をもうけました。 ある日、泣いている弟を子守していた姉が、子守歌の中で「そんなに泣くなら、高倉の中にある飛び衣を着せてやらないよ」と歌いま
気なくそれを聞いていた天女は、長年探し求めていた羽衣が高倉の中にあることを知り、いてもたってもいられずそれを取り出して着ると、泣く泣く子供たちを残して、天に帰ってしまいました。残され
の子は、後に中山王・察度となり、南蛮貿易を盛んに行って、琉球の国づくりをしました。この話は、察王生誕の秘話として、いまに伝えられています。

宜野灣市「羽衣傳說」看板

看，偷衣服和誘拐對方的行為絕對違反常人的道德觀念。或許反映出在那時代裡，這些缺陷不足掛齒，甚至可能不算是什麼缺陷吧。

察度的黃金宮

光是出身還不夠，畢竟父親怎麼說都是平凡農家，因此察度的奇人傳說還有後話：

察度長大之後終日遊手好閒，喜歡漁獵但討厭農耕，父親怎麼勸都勸不動。當時，勝連按司正在幫女兒招婿，雖然該女年輕貌美又出身名門，追求者所在多有，但是她本人眼光放得很高，沒有一位男士能令她看得上眼。

察度在聽說這件事後，馬上自告奮勇前去提親。大家看到察度衣衫襤褸，紛紛恥笑他的不自量力。然而，一直躲在後頭偷看狀況的女兒，見到舉止異於常人的察度後，反而中意起這位男子，立刻決定要嫁給他。

勝連按司當然是不願意女兒嫁給一個邋遢的陌生男子，但女兒卻堅持婚事，並認為察度日後必大有出息。勝連按司知道女兒一向聰明，就找來占卜師問問。結果占卜顯示女兒將有王妃之兆，勝連按司非常高興，馬上將女兒許配給察度。

勝連按司之女成為了察度妻子，來到察度家中，一看差點沒傻眼：察度家中的用具、燒柴的容器等，竟然全部都是由黃金製成的。妻子問察度怎麼會有這麼多黃金，察度告訴她田裡就有一大堆。果然一去田裡，就看到金銀堆得滿地都是。在妻子教導下，察度才曉得原來這些都是高價之物，兩人用這些金銀財寶，建造了一個壯觀的「黃金宮」。

兩人在黃金宮觀察來往的人們，若是有飢餓的人，則救濟他們食物吃。若是有受寒的人，則分給他們衣服穿。有回，一位日本商人帶了大量的鐵塊到訪當地，察度出錢將商人的鐵塊全部買下來，然後打造成農具分給眾人。此舉讓察度獲得百姓的愛戴，因此被推舉成為了浦添按司。後來，中山國的西威王過世，眾人們認為過去國政一片混亂，太子又年僅五歲，不如讓有仁德的浦添按司來統治。於是英祖王朝結束，察度成為了新任中山國王。

開啓對明朝貢

察度王上位之後，一改英祖王朝末期的作風，以寬治民但又不失威儀，妻子也以賢德著稱，於是眾人都感服察度王的統治。只是國家仍處在分裂狀態，北山、南山和察度的中山各自為政。

此時在中國，朱元璋推翻蒙古人，建立大明王朝，他將「瑠求」改稱「琉球」，並為此事派了楊載來琉球宣詔。察度王受詔之後，派出弟弟泰期向明朝納貢。這邊有個矛盾，前面說天女只生一男一女，那麼察度哪來的弟弟？史書上的解釋為，這位泰期並不像察度是天女之子，而是同父異母的弟弟。不過這個說法，反而就與奧間大親因為太窮，要不是碰上天女，才終於有機會娶親生子明顯有差。說到底「羽衣傳說」本身就太過超現實，察度是不是眞從一介農民翻身成王的這點，恐怕都有許多問號。

總之，察度派遣泰期入貢，算是對明朝展現誠意。明朝也回禮大統曆、金織文綺、紗羅等賞賜給琉球。這是琉球史上向中國朝廷朝貢的開端，對琉球史有重大的影響。往後紀錄上察度王一共遣使二十三回，考慮到還可能會有渡海失敗的狀況，因此實際的派遣次數很可能超過這個數字。由於這是國與國之間的外交行為，雙方都有留下相關紀錄，因此有著相當的可信度，不像過去的那幾個傳說。

派遣的使者除了泰期之外，另有「王相」亞蘭匏作為代表過，都是底下的重要人物，反映出察度王對朝貢的重視。而在琉球方進貢的貨品項目中，出現了胡椒、蘇木等東南亞特產，表示琉球已經和東南亞有貿易活動。就此來看，察度王確實不是省油的燈。

除了朝貢之外，察度王還向明太祖要求，希望能夠學習中國文化，於是明太祖送了福建移民「閩人三十六姓」到琉球。這些移民居住在那霸的久米村，引入當時的中國技術，除了大大升級琉球在航海、通譯等方面的技術，也帶來漢民族的文化。往後這些移民後代，也有在琉球出人頭地，成為琉球政府高層的人。除了接收中國移民，察度自己也在一三九二年，派了三位琉球人到明朝國子監就學。這種官方的留學計畫，直到琉球王國滅亡的數百年間都不斷持續著。

察度王也和朝鮮建交。他曾將被倭寇抓走的朝鮮人送還回國，且一併奉上禮物。朝鮮隨後遣使回禮致謝，隔年察度再送還一批一樣是被倭寇抓走的朝鮮人，兩方的往來就此而生。

察度王朝的最後

隨著國力增強，察度王最終也起了些驕奢之心。他蓋了一座觀景用，好幾丈高的樓。建成之後他到高樓上，開玩笑說：「在這高樓上，還有誰能害我？」結果馬上一條蛇竄出，咬傷察度王的左手。察度左手於是潰爛斷掉，底下官員覺得國王這樣子無法行禮，不成體統，就割下自己的左手，叫醫生用這支手代換察度王潰爛的手。於是相傳察度左手黑且毛多，和其他部位有明顯不同。

察度王於七十五歲高齡去世，在位四十五年左右，王位由兒子武寧繼承。武寧王初期向明朝朝貢時，並沒有向明朝報告察度的死訊。之後又碰上明朝發生靖難之變，沒辦法派人朝貢。等到靖難之變結束，明成祖朱棣登基為新皇帝，便派人通知琉球，武寧王這才告知了察度王已死的訊息。明朝於是派使者冊封武寧王。這是官史記載上，琉球最早的冊封典禮，招待冊封使的「天使館」亦是在武寧王期間建立的，不過，也有察度時期便已受過冊封之說。

武寧王還曾經想要進貢人力到明朝當「宦官」，就近刺探中國情報。不過明成祖表示可憐這些人，因此命令他們回到了琉球。這一手不知道該誇的是武寧王腦筋動得快，居然知道要用宦官作為情治人員，還是明成祖頗為信任宦官之事，連琉球也知道。

不過武寧王的統治之路並不順遂。他不聽諫言，愛找藉口搪塞錯誤，又沉溺於酒色宴會之中，讓眾人是敢怒不敢言。結果佐敷按司尚巴志見武寧荒廢國政，起兵反抗武寧王。武寧王想要抵禦尚巴志，但沒有一位按司肯出面幫忙。威嚴盡失的武寧王只得出城投降，結束約十年的統治時光，武寧王從此下落不明。

取得中山政權，被譽為是「琉球戰國」時期最具代表性的英豪尚巴志，此時於琉球歷史舞臺粉墨登場。

戰國風雲兒登場

說到在商業上取得成功的歷史題材，那麼中國的三國時期，以及日本的戰國時代，絕對是最具代表性的案例。這兩時期的共通點，就是在國家動亂之下群雄並起，因此誕生了許多形象鮮明的英才，所以即使傳唱了數百年，依然為人津津樂道。

即使琉球王國當今已不復在，然而當今沖繩依舊有著想推廣自己本土文史之心。幾乎所有沖繩的書店，都能找到一個叫做「沖繩縣產書」的分類區。這區並不單指沖繩本地出版社的作品，而是只要涉及沖繩題材的著作，幾乎都會被放到這一區展示。

其中的一大部分，自然就是琉球王國及沖繩史了。從各種搭配精美插圖的入門解說，到專家學者的權威著作都有，也是我每到書店必定參閱的一塊。而我很快就發現，或許是看到日本戰國、幕末等歷史題材，在藉由大眾媒體的助瀾下推廣有成，今日在沖繩不時能見到許多想以類似手法包裝琉球歷史，想打造「琉球戰國」IP品牌的行為。通常琉球戰國約定義在三山自王國統一之初這段期間，於是相關的書籍、活動之中，最常被看到推上封面，作爲看板人物的，毫無疑問的就是尚巴志了。

（註：「尚巴志」及其父「尚思紹」本來名字中並沒有「尙」姓一字，而是統一琉球之後，明朝賜姓「尙」後才變成尙氏。這裡爲求一致，都用冠了尙姓之名後記述。）

這位尙巴志出身於沖繩南部的佐敷（今沖繩縣南城市），父親尙思紹爲佐敷按司。尙巴志爲人矮小，身高不滿五尺，但年少時就被認爲有領導者的威儀，因此也被稱作「佐敷小按司」。曾有一位外地武士來到佐敷，聽聞「佐敷小按司」的名號不以爲然，向尙巴志發起挑戰，並在他面前秀了一手好武藝。尙巴志看過之後，一邊稱讚武士的身手不凡，一邊用單手就舉起用巨石做成，裡頭裝滿清泉的水缸，放到武士面前請他飲用。見識到尙巴志驚人的力量之後，武士便知難而退。

尙巴志年輕時，曾經委託一位鐵匠鑄劍，鐵匠起先忙著做農器，對造劍不甚理解。尙巴志三番兩次來求，鐵匠只得裝成在造劍的樣子應付。然而日經月累下，竟然還眞熟練了鑄劍的方式，在三年後鍛出一把寶劍，獻給了尙巴志。尙巴志拿到這把劍，有一天和人駕船出遊，突然碰上一隻大鱷魚鬧事，船幾乎要被大鱷弄翻。尙巴志於是持劍和大鱷對峙，大鱷被震懾畏退，讓這場意外平安落幕。

之後，尙巴志在與那原遇到一位日本商人，商人看到尙巴志的寶劍非常驚奇，表示願意用整船的鐵交換該寶劍。尙巴志同意了這次的交易，收下一大堆的鐵。尙巴志把鐵分給領民鍛造農具，從而得到了聲望。

還沒忘記察度王故事的讀者，是否覺得這段很令人熟悉呢？除了前面也曾提過琉球著史的瑕疵，此類逸說應該是爲了捧某人而編的之外，「民眾缺鐵做農具」同時也是兩段故事的重複之處。純以故事來講雖然沒創意該扣分，但其實早在察度王時代，中國就有使者向皇帝報告提到過：比起高價的捐織物，琉球人更想要瓷器和鐵鍋，並建議未來交易以此爲主。這反映了或許在當時琉球，礦產和工藝技術上是相對缺乏的一環，因此相關器具便顯得相當珍貴。

在尚巴志二十一歲時，擔任父親的尚思紹告訴他：「過去玉城王亂政，導致國家分裂爲三，戰亂持續了數百年，人民生活可說是前所未有的艱困。我看那些按司雖然領兵各據一方，但都只是看門狗罷了，沒有什麼出息。當今世上有機會幹出一番事業的，就只有你而已，如果你能代替我成爲佐敷按司，拯救萬民

今歸仁村歷史文化中心

免於水深火熱之苦，那也算了卻了我的心願。」於是尙思紹主動退位，尙巴志成爲新任的佐敷按司。

尙巴志即按司之位後，就屬和他不和的島添大里按司最爲緊張。他召來重臣們商議：「現在天下按司都不足爲懼，但是佐敷巴志英明神武，如今他從父親那邊繼承了佐敷一地，這事非常令人擔憂。而且我還跟巴志處得不好，該怎麼辦？」結果話還沒說完，就看到尙巴志早已率兵抵達。大里按司在驚訝中倉促應戰，但仍舊不敵尙巴志遭滅。

奪下大里的尙巴志威名大振。其他按司紛紛議論道：「巴志攻下大里，大里又和首里不遠，國王（武寧）又缺乏仁德，大概災禍不久就要降臨了。」於是隱退不上朝。

此時尙巴志則問大臣們：「琉球開闢以來本來就是一王治理，甚麼山南王、山北王都是假貨，中山王又無德無能，這樣何時才能平定三山恢復統一？」大臣們則說道：「武寧王失德讓國家衰亡，山南山北又強橫暴虐，因此武寧王根本不能算救民之主，只能說是傷國螟蟲。不如請大王先討伐中山武寧，根基穩固之後再平定二山。」於是尙巴志領兵攻打武寧王，取代了中山政權。按司們原先想推舉尙巴志爲王，但尙巴志辭退，並改舉父親尙思紹座王位，自己則從旁輔佐父親。然而在檯面上活躍的，仍然是尙巴志。

尙巴志的一統琉球之路，在此有了個漂亮的開場。不過也能發現，以尙巴志「佐敷按司」這個名號來說，劃分上還算南山勢力下的人，但最後卻自己跑去打垮中山的武寧王自立，加上之前察度取代中山王地位，這種「下剋上」的案例，完全顯示出此時代的確有著戰國風采。

另外，雖然前述的察度號稱是第一位到明朝朝貢的君王，但其實在後來，南山、北山也紛紛跟進。明朝知道琉球內部呈現三分局面時，還曾派使者梁民、路謙傳旨，希望三山能夠和平相處，但顯然沒有甚麼用。而且明朝嘴巴上要求琉球統一的同時，又對分別承認三山的地位。顯然對明朝來說，琉球不過一海外小島藩國，只要是承認中國天朝上國的地位即可，是統一是分裂，是誰稱王並非重點。

總而言之，成爲中山國新領導者的尚巴志，便開始著手他的霸業。他的首個目標，瞄準了軍力強盛的北山勢力。

北山征伐

北山的中心是今歸仁城。這座城池與首里城、中城城等遺跡一樣，現在以「世界遺產」之姿對外開放。部分大眾交通雖有停靠「今歸仁城遺址入口」一站，然而該站距離眞正的城

今歸仁城跡

池參觀地帶仍有一段距離，而且還是缺乏人行道的柏油斜坡路段，需要花費點力氣。

今歸仁城保留不少城壁，城內有不少告示牌和設施遺跡，顯示了此地曾是城池內的什麼區域，距離城道入口處有數排櫻花樹，聽說一月底至二月左右的時期會開花，遠比日本本島來得早。如果會點日文，現場有提供導覽服務的工作人員，一旁另外還有「今歸仁村歷史文化中心」，門票與城池遺跡同捆販售，更能讓人瞭解今歸仁城與周邊地域的演進。

曾經盤據在此的北山，記載中最後的三位領主，分別是怕尼芝、珉、攀安知三人。一三二二年，今歸仁城主本來是仲宗根若按司，但親川城的怕尼芝前來攻城，仲宗根不敵，逃往了本部具志堅地區。仲宗根在該處逝世後，膝下三位王子逃向中山。

到了尚巴志時期，北山由攀安知統治。攀安知雖然武勇高強，但是仗著力量強大，統治方針淫虐無道。知道中山易主之後，攀安知也與大將本部平原整軍經武，意圖南下侵略。

一四一六年，本屬北山勢力的羽地按司受不了攀安知的蠻橫，決定投靠中山，並且告訴他們「山北王作亂，請先下手爲強。如果錯失良機，肯定後悔莫及。」隨後國頭按司、名護按司等人也都投靠中山。眼見時機到來，尚思紹便命令尚巴志領兵討伐北山。尚巴志一共集結了浦添按司、越來按司、讀谷山按司、名護按司、羽地按司、國頭按司等眾多勢力，率三千軍勢，逼近攀安知駐守的今歸仁城。

這之中還有個插曲：傳說讀谷山按司「護佐丸盛春」，就是當初被怕尼芝擊敗，逃往中山的「今歸仁王子」之後。當時護佐丸鎮守在山田城，治理有方頗得百姓愛戴。尚巴志若想揮兵北上討伐攀安知，勢必要經過護佐丸的領地。而山田城地勢崎嶇，道路狹窄，不利大軍進攻，但如果放置著不管，軍隊也隨時有被襲擊的可能。

尚巴志認爲與其和護佐丸爲敵，不如拉攏至我方，便派使者邀請護佐丸討伐北山。護佐丸早聽聞尚巴志乃是稀世英雄，便回覆道：「我的祖先本來就屬今歸仁，今日能和巴志一同討伐今歸仁，也等同爲我祖先報一箭之仇」爽快答應了尚巴志，加入聯軍北上。

面對尚巴志的三千軍勢，攀安知雖然守軍僅有一千人，但是戰力確實名不虛傳。北山軍配合地勢險要的今歸仁城頑強固守，雖然中山軍不斷進攻，浦添按司還在陣前高呼：「忠臣就該視死如歸報效國家」激起士兵們的士氣，可是在經過幾天，還是無法撼動今歸仁城。

中山軍攻勢受挫，便齊聚商討破城之策。尚巴志認爲雖然攀安知領有千人兵馬，但其中很多人不服攀安知，特別是他的大將本部平原生性貪婪，因此一定有計策可破。從北山投靠到南山的羽地按司告訴尚巴志：「這座城池三面都是險阻之地，其中又屬於坤方（西南）是最險要的，很可能不會派人嚴加看守。」尚巴志知道後，在晚上派人帶著錢財潛入城中，果眞說服本部平原倒戈至中山軍。

隔天，本部平原向攀安知建議：「我方都固守城池，遲遲不出戰，對方一定以爲我方膽小畏戰。若大王這時和我輪流出擊，一定能擊破敵軍。」攀安知覺得很有道理，便命本部平原留守，自己先率軍出擊。

尚巴志看到北山軍殺出城外，馬上一邊在平坦處迎戰，一邊暗中派軍從坤方潛入城中。攀安知不愧武勇絕倫，在陣中衝殺，打得中山軍節節敗退。

但就在激戰時，軍隊後方的今歸仁城卻竄起火光，攀安知才知道中計了，趕快撤兵退回。回城的攀安知碰上本部平原，本部平原痛罵攀安知無道，因此他選擇投靠中山。得知自己遭到背叛的攀安知大怒，和平原打不到數回合，就把他斬成兩段。

可是此時中山軍早已蜂湧入城，攀安知再怎麼勇猛，也已無力回天。今歸仁城內有一顆靈石，攀安知奉之爲神石，並常常拜他以求保佑。如今自知將亡，便怒罵靈石：「我都要死了，你也不能獨生！」並用愛刀「千代金丸」劈開石頭，接著自刎而亡。北山就此落入尚巴志之手。

當時被攀安知劈砍的「受劍石」，至今仍保留在今歸仁城內。寶刀「千代金丸」則是在自殺之後被扔到了城下的志慶眞川中。傳說寶刀在夜中閃閃發光，在今歸仁對岸的伊平屋島居民察覺有異，便在河中找到了寶刀獻給中山，不僅成爲中山討滅北山的鐵證，往後更名列「琉球三寶刀」之一。

一四二二年，尚巴志派遣兒子尚忠擔任北山監守，替他統治北方區域。此時尚思紹已經去世，尚巴志正式登基爲王，並在一四二五年接受中國的冊封。

紛亂的南山

在消滅北山之後，距離琉球的統一，就差南山了。

在記載中，南山共有大里、承察度（與前述的「天女之子」察度爲不同人）、汪應祖、他魯每四位國王，總共維持百餘年的統治。承察度時期膝下無嗣，死後將國政交由汪應祖管理。但汪應祖的哥哥達勃期眼紅汪應祖身握大權，便殺了汪應祖。各地按司見此，紛紛起兵討伐達勃期，達勃期兵敗身亡後，衆人推舉了汪應祖之子他魯每爲領導者。

由於南山也有向明朝進貢的關係，因此包括南山在內，琉球的部分事情也能在《明實錄》等中國典籍對照。而在朝貢紀錄中，早期南山的朝貢的國王名中卻有「山南王承察度」與「山南王叔汪英紫」兩位交錯數次，到底誰才是眞正的代表者，成爲南山史的一個疑問。

同時，在朝鮮史書《李朝實錄》中，中山王察度曾經要求朝鮮政府引渡「逃亡至海外的山南王子承察度」。隔幾年後後出現一個記載，稱琉球國山南王「溫沙道」（發音與大里、承察度的うふさと幾乎一致）帶著十五人來到朝鮮，並且定居在晉陽（今韓國晉州市）。這個承察度和溫沙道，到底是不是南山的那個承察度，此間有許多猜測。好比汪英紫和承察度彼此間互相奪權，或者溫沙道是承察度之子，最後遭到汪英紫與汪應祖驅逐等等。總而言之，「南山」雖然是一個勢力體，但似乎權力結構脆弱，內亂不息。

另外，傳說沖繩的「划龍舟」（琉球語中爲「爬竜（ハーリー）」）是由汪應祖起的開端。汪應祖曾經被派遣到明朝留學，期間看過明朝的龍舟後，將這個活動帶回到琉球，並在豐見城舉辦了

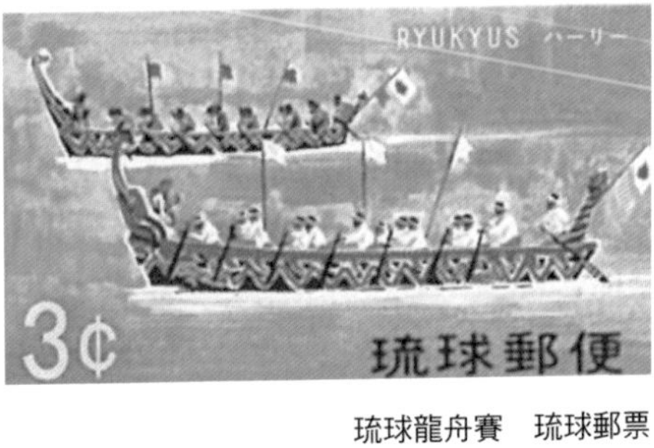

琉球龍舟賽　琉球郵票

琉球龍舟發祥地之碑

琉球史上第一場龍舟賽。但正史則認為，龍舟的起源應是「閩人三十六姓」，只是同時也承認了起源年不詳。無論如何，現今於豐見城遺址公園內，確實設立了「ハーリー發祥之地」的石碑，顯示出在地有意利用此一名號。

昏庸的南山王

南山政權最後交到他魯每手上，他在一四一五年接受明朝的冊封。然而他魯每在上臺獲得政權後充滿驕氣，奢侈度日，整天開宴會但不理會國政。雖然大臣們的勸諫他，但他魯每依舊故我，於是再度發生「眾按司不上朝」的狀況。他魯每知道後，派兵向按司們問罪。按司們見狀，乾脆投靠到中山。他魯每大怒道：「你們這些賊奴和巴志同謀，不殺了你們，難洩我心頭之恨。」開始招兵買馬，準備討伐中山。

中山的尙巴志知道此事，認為時機已到，帶著眾按司進兵南山。尙巴志軍所到之處，百姓們都熱烈歡迎，這讓他魯每更加火冒三丈，立刻率兵迎戰尙巴志。結果南山軍被殺得大敗，他魯每想逃回城內時，手下抗命不開門，還對他魯每射箭攻擊。他魯每無處可逃，於是被中山俘虜處決，南山就此滅亡。

當然，這段歷史又和攀安知、武寧等人一樣，被編纂為當政者暴虐無仁，尙巴志挺身而出，為民除害的套路，精彩歸精彩，眞實性就另當別論。特別是他魯每在汪應祖被殺，南山一片混亂下即位，卻能在尙巴志攻來之前力保不失，想來應該是有些手腕的角色，和昏君的形象差距太大。只可惜後世就算想質疑，證據也很難找了。

關於他魯每的敗亡，另有一則故事：話說當年琉球鬧大旱災，鄉里間缺水嚴重，民眾甚是憂慮。有一天大家準備開船出港，想去其他地方取水，卻突然看到有隻狗自山中而來，全身都溼透了。大家很困惑：「都鬧這麼久的旱災了，田野一滴水也沒有，這狗怎麼會溼成這樣呢？」便隨著狗進入深山，果然發現山中有清泉，水質清澈甘甜。那隻狗走進水中，幻化成一顆石頭。眾人非常高興，連忙通知大家這裡有水，要同伴不用出航找了。這條水泉日後被稱爲「嘉手志川」。有了嘉手志川後，附近的村民都從這條河引水耕田，大大幫助了農民的生計。

到了南山王他魯每時期，他魯每聽說尚巴志守上有一個十分漂亮的「金彩圍屏」，便要求尚巴志讓給他。尚巴志說：「我聽說大里有條叫嘉手志川的泉水，不如用嘉手志川和金彩圍屏交換，如何？」他魯每一聽，還眞的高高興興拿河川去換來了金彩圍屏。結果尚巴志派人嚴加看管嘉手志川，只准投靠中山國民有用水的權力，使得眾人紛紛倒向尚巴志一方，最後南山也隨之潰滅。加上這個傳說，他魯每的形象顯得又壞又笨，被描述的一無是處，還不如起碼有武勇，戰到最後的攀安知。

滅亡南山後，尚巴志派人進貢的同時，告訴明朝：「我琉球國過去分爲三國百餘年，期間戰亂不休，臣民們生靈塗炭。臣巴志爲了阻止這場悲劇，因此發兵，打敗了攀安知和他魯每。如今總算迎來太平之世。」明宣宗便嘉獎尚巴志的統一琉球之舉，派柴山、阮某至琉球宣詔，賜姓巴志「尚」姓，並賜予金織等寶物。

於是在一四二九年，群雄割據的琉球三山時代就此結束，尚巴志創建的統一政權，也就是現今被稱爲「琉球王國」或「第一尚氏王朝」的國家，就此拉開歷史帷幕。

第三章

有如朝露般即逝：短暫的第一尚氏

龍潭の緑のほとり　太陽もえて
首里城の空かけてゆく　若たかのよう
（太陽在龍潭翠綠湖畔燃燒／如若鷹般遨翔在首里城的天空）

這兩句詞出自那霸市立城西小學校歌，作者爲沖繩史上首位芥川賞作家大城立裕。城西小學的位置，就在首里城區域內的水池「龍潭」旁邊，因此這座王國古城的意象，被寫進詞中似乎再正常不過。然而，這首歌曲其實在一九六六年就被訂爲校歌，那年代的沖繩仍是美軍託管狀態，首里城本身則在二戰時被摧毀，當時尚未重建。

時間來到二〇一九年，十月三十一日清晨，首里城發生嚴重火災，正殿與周圍設施幾乎全毀，許多於首里城中展示的珍貴文物等也付之一炬。研究琉球史的權威，同時也是八〇年代重建首里城的要角高良倉吉教授，在接受訪問時難掩失落之情。他表示三十幾年前的工程耗費了許多人的智慧結晶，如今只能盡力復原建築及內裝道具，儘管現實殘酷，但還是希望能夠再度重建首里城，將這座島曾經發生過的歷史、傳統與文化等等，繼續傳給下一代們。

其實，不包含本次火災，首里城過去就已經有四次燒毀紀錄。上一次燒毀就是一九四五年的沖繩戰役，那時也和二〇一九年一樣，除了建築毀壞之外，文物損失更是慘重。像是官方繪製的琉球國王肖像畫「御後繪」下落不明，從此只剩下攝影師鎌倉芳太郎拍下的黑白照可觀看，如今在網路、書籍上看到的黑白御後繪幾乎都是此版本。曾有團隊用現代技術爲圖片上色，不過很難斷定那與原畫的色彩搭配是不是完全一樣。

由於首里城是現今沖繩的代表景點之一，所以在火災消息傳出之後，也引發不少臺灣遊客的討論與惋惜。然而比較令人尷尬的，是不少人同時會講成「百年古蹟就這麼燒毀了」，但如前所述，首里城本來就燒毀過多次，並非百年從一而終的建物。

戰後，美軍政府曾在該處建設了「琉球大學」。雖然這是沖繩第一座大學，但也反映出美軍對重建首里城興趣不大，才會直接在此建校。直到後來校地才被移走，讓城池的重建得以展開。一九九二年，「首里城公園」總算對外開放，一九九三年的NHK大河劇「琉球之風」，也有在重建的首里城中取景。

災後重建中的首里城

首里城火災的當天我有排班，這事自然成爲了同事間的話題。討論一輪過後，我意外發現有滿多在地年輕同事並未去過首里城，原因非常簡單「對歷史沒興趣」。同時對首里城、琉球王國有一定概念的人也不多，或許勉強講得出「尚巴志」這個名字，但對於他做過什麼事不甚理解，更遑論其他歷史細節。我一直對沖繩對於推廣文史的熱忱感到佩服，甚至以爲這證明了他們的本土意識強烈，或許不在臺灣之下或更勝之，但我所遭遇到的這個狀況，或許正說明了無論怎麼推廣，還是有其難處的。

目前重建中的首里城，預計要在二〇二六年完工。年過七十高良教授仍是這次重建的核心人物，他倒是感慨比起上一次重建，這回民眾的關心度明顯高出許多，有時他在外頭用餐，店家都會招待額外小菜，替他加油打氣。高良認爲，這應該是因爲上次重建過後，不少

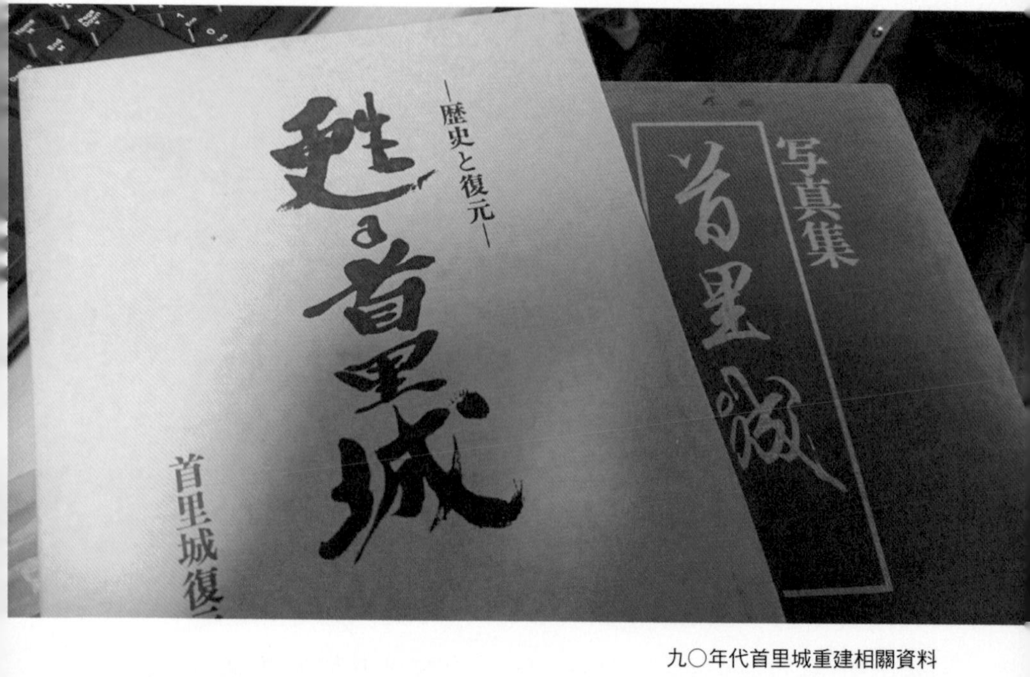

九〇年代首里城重建相關資料

人留下了屬於自己的首里城回憶，所造就的正面效果。因此更顯得再次重建首里城，是如何必須且意義重大的一件事。

定都首里

不過，另有一個關於首里城的問題：現今談到首里城，必然伴隨的文案就是「琉球王國的象徵」。可是，首里城從何時開始乘載琉球之都名號，其實並沒有標準答案。

官史上記載，早在天孫氏及舜天統治的時代，首里就已經定爲王都了。但既然舜天和天孫氏自身的眞僞都難以釐清，說詞自然難以讓人信服，加上考古等成果來看，英祖王朝時的舊都在浦添而非首里可能性極高。另外，有一說認爲首里在察度時代成爲王都，推測點於察度被蛇咬爛左手的傳說中，提到一棟高樓，其很有可能就是首里城的高樓。而這種說法雖比起神話時代有些根據，

1877年的首里城，圖片出自於沖繩縣立博物館。Courtesy of Mr. Hervé Bernard, France.

但終究還是臆測之言。

甚至乾脆去查首里城官方，都找不到答案在哪。首里城網站上可以看到曖昧地寫著「內郭在十五世紀初期完成」，並且在附錄的歷史表上以察度派遣使者赴明為開頭，但就是沒寫到底首里城在哪一年建成、以及開始定為首都的。

無論何時起的頭，在尚巴志統治時期，總算是留下了建設首里城的確切證據。首里城北側的園比屋武御嶽石門有一個《安國山樹華木記》碑，裡頭記載著：一四一七年，國相懷機奉王之命前往中國，在飽覽中國壯闊的山河和豐富的禮樂人文後，回國以在中國所見為本，在安國山附近挖池塘、堆假山、種植樹木，仿效中國風格建造了庭院。

按地形對比，所謂的池子就是現今首里城公園內，也是城西小學校歌提及的「龍潭」，而這顯然是一則紀念庭院落成的一個碑。此碑乃是於一四二七年所立，又是國相主持動工，幾乎可確定在一四二七年時，首里已經是王都了。當時龍潭四周在應該是個屬於王公貴族們的遊覽勝地，今天則無論是誰，都可以到那裡休憩，火災也沒有波及到該處。

定都首里一事，另外有經濟發展上的考量。當時的那霸雖然是貿易據點，但卻是一座與本島相望的「浮島」，不像現在和沖繩本島彼此相連。比起浦添，首里較那霸近得多，定都於此更有利海上活動。

在所有向明朝朝貢的國家中，琉球是最熱衷，次數最頻繁的一個國家。由於明朝施行鎖國政策，朝貢是少數能獲得中國貨物的管道，琉球便乘此之便，展開東亞、東南亞貨運的貿易。

不過當時的航海技術來講，要平安航行並非易事，即使船隊順利抵達福建，還得北上進京，所費時間不在話下。有次尚巴志派人進貢時，一併上奏說先前賜的官服已經老朽，希望能在賜新官服。隨後又補充往來都耗時半載一載，相當不便。於是明英宗採納禮部建議，許可琉球按本來樣式自己製作官服。

那麼對於琉球的進貢，明朝又是怎麼看的呢？同樣是明英宗這時，禮部曾建議道：琉球進貢的馬匹矮小，應該命令他們拿高大的馬匹進貢。不過明英宗認爲遠道而來進貢，誠意已足，不需要計較貢品優劣，因此沒有採納。這段描述可看出，或許明朝方主要求的還是做做面子，穩固自己天朝上國的地位便滿足了，無意計較這些藩國的貢品好壞。由於每次進貢，都能得到明朝豐厚的賞賜，還能趁機貿易賺錢，琉球從中獲取的利益顯然高過進貢成本，也難怪琉球之後會那麼熱衷朝貢了。

動亂的王朝

首里城被尚巴志定爲政治中心，然而首里城的災難卻也很快就來到。尚巴志王在位十八年，於六十八歲去世。先前曾被派到北山鎮守的兒子尚忠即位。但尚忠王在位僅五年後就逝世，再傳子尚思達仍也只做了五年就撒手人寰。由於尚思達王沒有子嗣，政權交給尚思達叔叔輩、尚巴志之子尚金福王接手。這些國王雖然施政上似乎沒大瑕疵，但政權短時間內快速更迭，加上傳子的慣習一改，釀成紛爭的種子。

尚金福王任內，修築了連結那霸與首里的「長虹橋」。此橋的負責人為前文所提到的國相懷機，傳說因為跨海修築橋梁難度太高，懷機便在開工前搭了神棚，向上天祈求了三天三夜，後來海水竟然真的退去而露出海底，才讓橋樑可以順利修築完成。

長虹橋在日後除了連接本島和那霸以外，其景色還被日本江戶時期的浮世繪大師葛飾北齋相中，畫成「琉球八景」中的「長虹秋霽」。不過，葛飾北齋雖然畫出了八張美景圖，但他其實沒到過琉球，這八景事實上是參考清朝冊封使周煌的《琉球國志略》所繪製而成。而長虹橋雖一時扮演兩地連結的角色，但橋樑本身造成泥沙淤積，使得最後兩端陸地完全連在一起。

雖有建設功績，不過尚金福王仍是一位短命國王，只在位四年就離世。原本即位者應該是世子志魯，但尚金福的弟弟布里認為：「我是尚巴志王的兒子，當然有資格繼承父兄稱王。」志魯反駁道：「你只是國王的弟弟，根本不是世子，居然妄想奪取兄王的基業？」憤怒的布里於是率軍攻打首里，志魯也不干示弱應戰。一片混戰之下，首里城遭到史上第一次火災燒毀，明朝所賜予的金銀印也被融壞。此是被稱為「志魯・布里之亂」。

兩方爭奪不休，結果卻是雙雙死於戰亂。眾人於是改推統領越尚巴志的五男，越來一地的領主尚泰久王繼承。等於是尚巴志死後不到二十年，就已經換了四次國王，且當家依舊是由尚巴志的兒子輩擔任。

然而，到了尚泰久王年間，動盪的局面不僅沒有改善，還爆發了規模更大的「護佐丸・阿麻和利」之亂。

中城城與琉球第一武將

沖繩縣底下的「中頭郡」這個行政區域的地形劃分相當奇妙，它是由中部東邊的中城村、北中城村（其實比例上算是南部，但山原地帶實在太荒涼經常被忽略不計），以及西邊稍北的北谷町、嘉手納町等地區組成的，形狀呈現「ㄣ」字形。

這區有許多觀光客耳熟能詳的景點，例如北谷的美國村，或者二〇一五年開館的大型商場「永旺夢樂城沖繩來客夢」。直到「San-A浦添西海岸Parco City」在二〇一九落成前，沖繩來客夢一直坐擁沖繩最大購物中心的美名，且San-A和永旺，正是沖繩境內兩家最常見的超市品牌，兩間大商場正反映出了他們的競爭。對準備好血拼日貨的遊客來說，他們都是不可錯過的重點之一。

有永旺的這麼大一間商場，多少代表了此地還算有一定繁榮程度，起碼也是具有開發潛力的。不過事實上，中頭郡內倒是每個村、町之間的差異頗大，例如西原町雖然有沖繩境內偏差值（類似臺灣的PR值）數一數二的琉球大學，但整體完全稱不上有多繁榮，甚至連大學周邊的生活機能都不太理想，我曾在沒汽機車的情況下短暫留學數月，只能說一切打理都頗具難度。又像是北中城村及中城村，地圖上看似兩者瓜分了中城公園及中城城的周邊區域，但這兩個點的地址都是掛在北中城村底下，而前者的沖繩來客夢，同樣也是在北中城村，使得兩地雖然名稱、位置相近，但發展程度有著不小差距。

除了這些景點之外，本來還有一座可能會是沖繩最華麗的飯店之一，有機會座落於這區域。一九七〇年代，爲了能夠搭上海洋博覽會的熱潮，有沖繩資本家開始計畫建設「沖繩高原飯店」。飯店內本來預計會有高級餐廳、禮品店和附設滑水道的游泳池等豪華設施。可是還沒趕得上博覽會開幕，出資企業就宣告破產，緊接著飯店相關區域又被指定爲文化財保護區，使得後續建設難以繼續進行，陷入停擺狀態。沖繩高原飯店從此遭到荒置，成爲沖繩最有名的廢墟。本來一般禁止外人進入，直到近年政府才決定進行解體工程，並在解體前特別開放媒體入內拍攝，讓人能一睹這個四十餘年廢墟樣貌。

沖繩高原飯店的廢棄和建地與文化財相衝有關，不過沖繩高原飯店興建目的之一，就是

「中城高原飯店」廢墟，現今已拆除

希望能吸引觀光客來到「中城城跡」，甚至還有過將飯店建在城內的計畫。中城城現在是世界遺產，而它的發跡，與一位叫「護佐丸盛春」的琉球名將有著重大關連。

今日護佐丸有個響亮的稱號：「琉球第一武將」。中城村現今有以他爲名的循環巴士「護佐丸巴士」，世界遺產「中城城跡」等許多地方，都能看到以他的人物形象作爲招牌。護佐丸之所以受此稱頌，不光是因爲戰功，他貫徹忠節，至死方休，帶有悲劇性的色彩，更是他成爲表率的原因之一。

先前在講述尚巴志統一琉球的過程中，便曾提過護佐丸的名字。當初他以讀谷山按司的身分，參與了討伐北山的戰鬥中。一說那時率領七百名別動隊，跨過險阻坤方，夾擊今歸仁城的大將，就是護佐丸。北山滅亡之後，尚巴志先讓護佐丸看守北山，之後才派兒子尙忠接

中城城跡

管。

護佐丸接著又被派到座味喜駐紮。在此的十八年間，護佐丸傾力打造座味喜城。此城日後被稱爲「最端正的名城」，可見的護佐丸在築城方面頗有一手。因爲修城需要大量人手，奄美大島和慶良間群島的人們也都來幫忙，反映了護佐丸當時的統治影響力。同時城下的長濱港的貿易也十分熱絡，東南亞的編織物、日本的武具等等都在此集結，經濟面上相當繁榮。

後來，勝連的阿麻和利勢力抬頭，爲了牽制阿麻和利，護佐丸被移防到中城鎮守。護佐丸在朝著勝連方向，卻防守薄弱的東北方建造了新的城牆與拱門。中城城下另有一個屋宜港，有許多當代讚頌城下繁榮，且支配力擴及德之島的歌謠傳世，顯然也是護佐丸帶來的功績之一。

不過在勝連發展的阿麻和利也不是省油的

卡通形象的護佐丸

燈。見護佐丸一日日壯大，阿麻和利想到了個計謀，要剷除這個眼中釘。

護佐丸之死

爲了防備阿麻和利，護佐丸整軍經武，絲毫不露破綻。阿麻和利知道不能和護佐丸來硬的，於是在某次偷偷地乘一艘小船，繞過護佐丸的領地，來到南部的與那原，前往首里城找到尚泰久王，控訴：「護佐丸要謀反，他正在集結兵馬，如果動作慢了，恐怕後悔莫及。」

尚泰久王覺得奇怪：「護佐丸一向忠心，爲人剛毅誠實，是位股肱之臣，怎麼可能要謀反呢？」阿麻和利則說：「如果不信臣的話，大王可以派人去查。」於是尚泰久王偷偷派人到護佐丸的領地，果眞發現護佐丸果然在整兵備戰。尚泰久王大爲震驚，於是命阿麻和利爲大

護佐丸之墓

將，率軍討伐護佐丸。

此時為中秋之夜，當護佐丸正在賞月之時，突然聽到鑼鼓震天，喧囂不止。護佐丸擔心是阿麻和利進攻，連忙準備武器馬具。但登城一看，四面八方包圍城池的兵馬，帶著盡是王府的旗幟。統率此大軍的阿麻和利騎於馬上，高呼：「我乃中山御使阿麻和利是也，你護佐丸企圖謀反，大王命令我來討伐逆臣，以正世風！」

阿麻和利突如其來的一手，護佐丸怎樣也是百口莫辯。雖然手下受此冤屈覺得憤恨不平，建議護佐丸乾脆真的開打，但護佐丸不願意背叛王府，只說：「沒有向敕令射箭的道理」，決定以死來證明自身清白。

護佐丸打開城門，對著阿麻和利說道：「逆賊給我聽好，本來無罪的我卻受冤屈遭到討伐，都是你的奸計所使。雖然很想立刻砍下你的腦袋，但既然有君命在，也是沒辦法的事。好好看著我死去的樣子，將來輪到你被討伐之時，拿來當作範本吧！」

說完，護佐丸接著自刎而亡，曾經替尚氏王朝開國立下功勞的大將，就此魂斷中城。許多家人和臣下不捨，也都紛紛追隨護佐丸尋死。

據說護佐丸在自盡後，突然冒出一顆巨石。這顆巨石被稱作「雷岩」，就在中城高原飯店的區域內。護佐丸之墓現今則仍保存在中城城附近，不在城跡的園區裡。我去參訪時因為一時找不著，所以特地向事務所的人員詢問，結果得到一張地圖。上頭有個大大的箭頭，指向附近的「中城公園」。該處園地廣大，遊具種類豐富，是介紹沖繩親子觀光的熱門去處。那個箭頭指向，或許間接說明了過往遊客來問路時的目標都在哪裡。

不過護佐丸之墓還是有好好標註在上面。墓的周圍儘管也是雜草密布，照料得不算太好，但還是比源爲朝上陸之碑強多了。何況中城城跡的入口就擺著護佐丸的看板，待遇看來還是有差。

阿麻和利叛亂

除掉護佐丸之後，阿麻和利的下一步自然就是打倒中山王府，取代首里成爲新的琉球領導者。

當初爲了制衡阿麻和利，尚泰久王曾將自己的女兒百度踏揚嫁給他，並派出臣下大城賢雄跟隨公主。大城賢雄來自具志川的喜屋城城主一族，小時候失去了父親，拜託母方老家後移居到知花。由於知花城和尚泰久王原先的領地越來相距不遠，大城賢雄很可能就是在此時仕宦於尚泰久王。由於大城賢雄個性剛直，且體格過人，武功高強，因此別名「鬼大城」。

隨著護佐丸死去之後，阿麻和利與群臣商議，準備整兵買馬攻打首里王府。大城賢雄意外知道此事，連忙密告百度踏揚。兩人決定立刻逃離勝連，是夜，大城背著百度踏揚離去。

阿麻和利發現妻子跑了，立刻下令軍隊搜捕。就在大城過饇眞時，拿著火炬的士兵們也逐漸追上他們。大城在情急之下，大聲唱起了神歌。結果突然天降暴雨，雨水澆熄了兵士們的火炬，讓他們失去光源跟丟大城。大城就這麼逮到機會，平安帶著百度踏揚回到首里。

天還沒亮，兩人就馬上扣門稟報。起先尚泰久王看到兩人非常生氣，罵：「女人跟一個男的半夜跑來，這還算貞節者嗎？」百度踏揚傷心的哭了出來，說要上吊自殺，尚泰久王的情緒才稍微冷靜下來。

尚泰久王開門讓兩人入城，百度踏揚報告了阿麻和利之事，尚泰久王感到相當猶豫。此時，首里殿內獻奏神歌，這歌聲讓尚泰久王知道女兒沒有失節，因此非常高興。同時又認爲謀叛的阿麻和利不可原諒，說：「要碎屍萬段逆賊阿麻和利，才可以消除我的怨氣！」便傳令召集四方兵馬。

至於阿麻和利方發現妻子與大城雙雙消失，知道計畫肯定被洩漏給王府知道了，決定先下手爲強。勝連軍殺到首里，放火猛攻城池，但各處兵馬也隨之來援。阿麻和利孤軍難敵，被殺得大敗，只得撤回勝連固守。

尚泰久王命令大城賢雄領兵，和大城的兩個弟弟一同討伐勝連。面對中山大軍，阿麻和利仗著地勢和戰術，一下出城應戰，一下又閉門不出，讓王府軍吃足苦頭。大城命令兩個弟弟攻南門，箭石亂飛，混戰相當激烈，自己又分軍夾擊。阿麻和利沒有對策，只能死守城池。

面對堅固的勝連城，大城決定親自化妝，假扮成女人從東牆潛入城內。趁著阿麻和利大意時，一刀砍下他的腦袋。殺了阿麻和利的大城在城中高呼：「城主阿麻和利已經被我斬了！」要他們投降。勝連因此被平定，但中山軍也頗有傷亡，且大城的兩個弟弟都已不幸戰死。

成功討伐阿麻和利，尚泰久王非常高興，將阿麻和利的錦緞衣裳等寶物賜給大城，授予他上級士族才有的紫冠，更將喪夫的女兒百度踏揚許配給大城，讓他翻身成爲王婿。後來，又將自己以前統治的越來一地賜予大城。

受封越來的大城成爲了「越來親方賢雄」。在此順便說明琉球士族的名字上，總共會有本來的「童名」、以及中國式的「唐名」和日式的「和名」三種類稱呼。以大城爲例子，他的童名叫做「松金」，唐名爲「夏居數」，和名則先後爲「大城」或「越來」姓氏，後接「賢雄」。這三種姓氏之中，漢名的姓氏會往下傳給子孫，例如被稱爲「琉球古典音樂之祖」的音樂家夏德庸，就是擁有大城這支夏姓血脈的後人。和名則姓氏部分會隨封地更改，並會有官階（如「親方」）入名，如同大城受封之後，紀錄上的姓氏就此改爲「越來」，有「越來親方賢雄」之稱。

不過這兩個名字主要見於紀錄之用，當時琉球士族實際生活最常用的還是童名。而且這套命名系統乃是士族專用，一般平民百姓都只有童名，再冠上一個店家、地區之類的的稱謂作爲辨認而已。用中文的理解，就像是「賣麵的老陳」、「做水電的小李」這種隨便的名稱。

肝高的阿麻和利

雖然大城說有雨，就有了雨，還有明明壯得和鬼一樣，卻扮了女裝等等情節也很匪夷所思，但起碼那些內容都只是過程，並不影響阿麻和利謀反失敗受誅，大城獲得封賞的事實。比較起來，從頭到尾都被寫成野心家的阿麻和利，眞的只是一名想奪取大位的奸臣嗎？

一首在勝連地區流傳的歌謠是這麼唱的：

勝連の阿麻和利
聞こゑ阿麻和利や
大国の 鳴響み
肝高の阿麻和利

（勝連的阿麻和利／大名遠播的阿麻和利／響徹大國／肝高的阿麻和利）

「肝高」指的是志向遠大、氣宇軒昂的英雄形象。且除了這闕詞以外，許多在地的民間歌謠，也將阿麻和利歌頌為「肝高」的形象，和官方史料所記載的大不相同。如今更是有現代版組踊（歌舞劇）劇作「肝高的阿麻和利」，以正面形象描寫、歌頌一代勝連（今宇流麻市）之主，大受好評的此劇甚至不只在沖繩，還成功在日本本島、夏威夷等地開演。

傳說阿麻和利為貴屋良城主大川按司（另有武士之說）和農民所生，因為門第不對，阿麻和利被遺棄在民間。另外也有阿麻和利在洞窟中被養大、被中國商人撿走撫養的版本。但無論是哪一種，都顯示出他的出身卑下。

阿麻和利的童名為「加那」，小時候七歲了都還不會走路。但是天資聰穎，曾經看著蜘蛛的網得到靈感，發明了捕漁網。長大後，加那來到勝連做餵馬的工作，因聰明機伶獲得好評，他也靠著打漁分給眾人而得到了人望。

當時的勝連城主茂知附按司暴虐無道，百姓生活困苦，卻又不知如何是好。加那便心生一計，要大家手持松明（火把），整齊劃一往城池前進。茂知附按司看到人群，以為遭到軍隊襲擊，城中一時陷入慌亂。加那就趁機潛入城中，殺死了茂知附按司，並受眾人推舉成為勝連的新主人。

統領勝連的阿麻和利獎勵農耕，減免稅制，強化對外貿易，因此讓勝連城繁榮了起來。從考古出土中發現大量陶瓷與日本製品的碎片，也可以佐證勝連城海外交易之活躍。

前面講到護佐丸時，也提過中城底下的屋宜港亦是商務繁忙。中城和勝連相距才不過十幾公里，因此讓雙方爭鬥的根源並非老套的忠奸互博，而是基於發展利益衝突，競爭激烈下最後變成火拼之說也隨之出現。

另一首讚頌阿麻和利的歌謠，則有著這樣的歌詞：

勝連の阿麻和利
十百歳ちょわれ
肝高の阿麻和利
勝連と 似せて
肝高と 似せて

（勝連的阿麻和利／請活到長命百歲吧／肝高的阿麻和利／與勝連同在／與肝高同

在）

這位在官方史料被貶爲極惡奸臣的人，卻是當地歌謠讚頌的救世偉人。眞相到底爲何，在新的證據被找到之前，也只能猜想了。今日中城城跡與勝連城跡都已經對外開放，站在城池上頭還能夠互相對望，讓人想像當初的護佐丸與阿麻和利，是不是也像這樣，監視著彼此的一舉一動呢？

尚泰久王黑幕說

話說，如果用結果論去推，誰才是「護佐丸・阿麻和利之亂」的最終得利者？

舜天以降、察度、尚巴志等人，這些所謂開創新時代的佼佼者，其中的共通點爲：他們本來都只是割據一方的諸侯，卻在因緣際會下取代了原本的權力中心，成爲新的領導者。這間接反映了琉球長久以來，四方諸侯強大，相較之下中央並不具有足夠約束力，一直是政權的問題所在。

尚巴志以強人之姿統一琉球，可他後續的作爲來看，並沒有對此狀況有明確的改革措施。護佐丸和阿麻和利到底是忠臣還是意圖篡位的野心家，充其量只是一時的，即使他們不是，也沒有人可以保證往後繼承該領土的人是不是。既然如此，中央想防止地方坐大，就是在他們羽翼豐滿之前，搶先一步擊潰他們。

這段故事雖然讀來精彩，但怎樣也解釋不了的矛盾是：明明護佐丸就是受中央之命跑去守中城，監視阿麻和利的，但中央卻反而聽信阿麻和利的話，認為護佐丸整頓軍備是為了謀反？而阿麻和利聰明到能智取護佐丸，卻疏忽自己的妻子就是王女，很可能回娘家告密？這是即使當成小說，也是要被質疑前後不一，作者到底有沒有在認真設定情節的。

反過來說，要讓情節合理的方法，只要追加一個設定即可：尚泰久王知情一切，他就是故意剷除中城和勝連兩個地方強豪，藉此鞏固中央權力。因此，護佐丸才會從喜味城弄得好好的，又突然被調到中城城。尚泰久王再假裝被阿麻和利所騙，接著攻打準備不足的阿麻和利。真正的黑幕就是王府本身，操弄這些諸侯們相鬥，兩敗俱傷再坐享漁翁之利，這一切全都是為了拔除有威脅中央實力的地方政權。

故事走到這邊，強大的地方勢力確實被剷除掉了。放眼望去，琉球境內已經沒有能匹敵中山的勢力存在。不管這是巧合，抑或真的是尚泰久王，或者尚泰久王聽取手下重臣金丸意見後謀劃的一切，結果都已經不可逆了。

萬國津梁

當然，治國可不是打倒敵人就好。解決掉威脅之於，內政更是不容忽視的。尚泰久王個性敦淳，在「志魯・布里之亂」過後能被推舉成為新王，此事本身就代表尚泰久具有一定人望。由於明朝的金印在動亂中損毀，尚泰久王不得不重新和明朝重發金印。另外，尚泰久王也再建燒毀的首里城，重新樹立起中央政府的威嚴。

現今最能窺視尚泰久王功績的代表物件，就是他在統治年間，打造了「萬國津梁之鐘」。此鐘於一四五八年懸掛於首里城內，銘文誇耀琉球的繁榮盛況，全文如下：

琉球國者 南海勝地 而鍾三韓之秀 以大明為輔車 以日域為脣齒 在此二中間湧出之蓬萊島也 以舟楫為萬國之津梁 異産至寶 充滿十方刹 地靈人物 遠扇和夏之仁風

故吾王大世主 庚寅慶生 尚泰久 茲承寶位 於高天 育蒼生 於厚地 為興隆三寶 報酬四恩 新鑄巨鐘 以就本州中山國王殿前掛 著之 定憲章於三代之後 戢文武於百王之前 下濟三界群生 上祝萬歲寶位 辱命相國住持溪隱安潛叟求銘 銘曰

須彌南畔 世界洪宏 吾王出現 濟苦衆生 截流玉象 吼月華鯨 泛溢四海 震梵音聲 覺長夜夢 輸感天誠 堯風永扇 舜日益明

戊寅六月十九日辛亥 大工藤原國善 住相國溪隱叟誌之

這銘文的內容上，先誇琉球是明朝、日本間的蓬萊仙島、萬國津梁，再誇尚泰久王治理有方，國家興隆，最後再以佛教意象收尾。功績上雖然有老王賣瓜之嫌，不過還是有幾點值得觀察的。

首先，經歷了戰亂、重建首里城，已經是夠花錢了，還有心情加上顆大鐘，這沒有一點財力是很難辦到的事。因此或可視爲此鐘本身的存在，也代表尚泰久王年間財政狀況無虞。

再來看銘文，琉球在此稱自己爲大明與日本之間的蓬萊仙島，既強調了和兩國間的往來密切，又宣告琉球是一個獨立的存在。在研究琉球史的時候，經常看到來源自某專制大國的中文資料裡，強調琉球是中國的「藩屬」，也就是那套「大中國神聖不可分割的一部分」之說，並義正言辭批評日本竊取琉球國等等情緒之文。確實，琉球的發展上處處仰賴中國，國王也接受中國王朝冊封，可如果用務實的角度來看，對琉球而言，重點還是擺在和中國交流可以獲取商業利益，因此才對入貢和冊封樂此不疲。銘文中琉球以國自稱，又將自己置於日中之間，很難解釋爲特別從屬於誰。往後明、清交替，琉球輕易拋棄漢人王朝，倒戈

沖繩縣廳會客室，背景屏風為「萬國津梁之鐘」銘文

投向滿族政權，也證明琉球在乎往來之利，而不在乎誰當家做主。

　而中國實際上對琉球行冊封，實際則幾乎沒插手琉球政治，不然也不有在三山時代時，一邊下詔軟性勸說三國和解，一邊又對北中南三王都施行冊封的狀況。按照中國的角度來講，琉球事肯定是國政上的枝微末節，就應付一下進貢和冊封等等就好，不會眞的去管琉球怎麼樣了。就算明朝認爲琉球是中國藩屬，但在天朝視角下，世界上哪裡不是番邦、藩屬呢？古代也就算了，這種視點在網路時代還存有，無論是對琉球或者對任何地方，都是極爲不尊重的一種態度。

　而在銘文末段，則出現了明顯屬於佛教的用語。尚泰久王崇信佛教，在他執政期間，一位字號「芥隱」，來自日本平安城（今京都）的高僧到訪琉球。尚泰久王令其興建廣嚴、普門、

重現冊封使來琉場面「琉球王朝繪卷行列」準備場地

天龍三寺，並且由芥隱為開山住持。尚泰久王相當禮遇芥隱，甚至自己也皈依佛門，也在各地建寺。這些僧侶除了傳教之外，同時也成為王府的顧問，在外交與情報蒐集上占有一席之地。此鐘銘文出於高僧之手，也足見尚泰久王對僧侶們的信任。尚泰久王的「大世主」之稱，亦可見於加工後的「千代金丸」劍柄部分。

大航海時代

銘文當中提到琉球「以舟楫為萬國之津梁」，聚集來自各方的寶物。這肯定是在講琉球的海上貿易成果之輝煌了。坐擁位置之便的琉球，趁著明朝鎖國之際，當了很長一段的轉手貿易商。或許是因為商業活動頻繁，因此尚泰久王也仿造明朝的貨幣永樂通寶，頒布了琉球的貨幣「大世通寶」。

「琉球王朝繪卷行列」出發前夕，中央坐轎者飾演琉球國王、王妃與清朝使者

貿易是琉球最重要的活動之一。由於明朝爲防堵倭寇實行海禁政策，禁絕了大部分的私有船隊出海，使得外國難以通過合法管道與明朝進行商業交流。可是，外國依然對中國的瓷器、絲綢等商品有著迫切的需求，而少數能合法獲得中國商品的管道，就是藩屬與「大明王朝」的朝貢貿易。

朝貢除了能得到中國政府的賞賜之外，也被允許和官方指定的商人交易。於是琉球王國看準了這點，積極的向明朝派遣使節船隊。根據推估，琉球王國一共對明朝進貢了一百七十一回，而第二名的安南（越南）也不過才八十九回，僅僅這個數字差，就可以想見朝貢船在中國與琉球間的往來是多麼頻繁。

除了中國貨品之外，琉球王國也積極輸入日本的刀劍、漆器，朝鮮的木棉等物件，接著改變方向，一船船往南開去，將這些東西轉手給東南亞各國。以暹羅爲例，琉球王國的船隊會把大量的中國和貨品，拿去和暹羅換取酒類、編織物、能製成紅色染料的蘇木等等。

而不只暹羅，爪哇、安南、巨港、甚至馬六甲和蘇門答臘等等，都曾出現過爲求貿易而來的琉球船隻。甚至在一份葡萄牙的文件中，還有琉球船隊到達過印度的說法。在與東南亞交易後，琉球又將得手的香辛料、胡椒這些東南亞特產往北運，作爲進入中國朝貢和貿易的主力產品。

在這個背景下的琉球，自然成爲各國人士與文化薈萃的中心。許多外國文化也如同中、日文化一樣，傳入了琉球。琉球吸納，混雜了這些文化，然後在地將之「琉球化」，直到現在沖繩都還能看到。例如沖繩著名的「泡盛」酒，其源頭便是來自於暹羅交流後所習得的釀酒技術。

不過作爲「萬國之津梁」要角的舟船，卻意外並非琉球本身的船隻，而幾乎都是由明朝政府所賜予的。船隻受損時，也多爲向明朝政府要求修理，或者更換新船。直到後來明朝國力衰退至滅亡，沒有餘力提供船隻時，琉球才轉以舊船和自造船爲主。

除了船隻之外，航海人員上也非常倚賴中國方面的技術。船隊上擔任相當於船長職位的「火長」，大多數都是由歸化琉球的華人擔當，通譯成員也經常是華人負責。前述所提到朱元璋賜給琉球的「閩南三十六姓」，其相關人士在這裡就發揮了巨大的助力。

「萬國津梁之鐘」的銘文就像琉球王國的代表印章一樣，今日沖繩許多地方想打造出王國感時，把「琉球國者」到「充滿十方刹」這段文字蓋上去，再配一個畫風古代，海上貿易絡繹不絕的那霸港，就能漂亮呈現想像中大航海時

琉球泡盛酒

代的輝煌琉球氣氛。至於刻印銘文的大鐘本尊，在一九四五年的沖繩戰後仍幸運存留，現於沖繩縣立博物館展出，雖然平時已不再敲打，但館每半點和整點的報時，便是撥放此鐘之聲。

王朝的末路

除掉了王府的潛在威脅，穩住王國的內政，尚泰久王在位七年之後離開人世。兒子尚德王即位。

尚德王武勇、才智都相當傑出，但個性上愛狡辯，不愛聽勸，大臣們到後來也乾脆乖乖閉嘴——這個套路是不是很熟悉呢？是的，亡國之君的預兆，已經降臨在年輕新王身上。唯一多出來的伏筆在，有那麼一位叫做金丸的大臣，在這種情況下還沒放棄，不斷冒死勸諫。

當時琉球因為奇界島（今喜界島，位於奄美大島東部）不服中山，多次派兵進攻，但都無功而返。尚德王很不高興，決定不顧眾臣反對，率兩千兵馬御駕親征。行經安里時，天上有鳥飛過，尚德王就拿著弓說：「我如果能一箭射下飛鳥，就能討平奇界島；如果射不下來，就代表不行。」講完弓箭射出，果然打下了飛鳥。

尚德王龍心大悅，率五十艘戰艦開船出發。途中看到一個大鐘在海面上沉浮，認為這是八幡大菩薩顯靈，便將大鐘撈到船上。到了奇界島，對方兵馬早已立好柵欄堡壘，守備甚是嚴密，中山軍無法越雷池一步。

尙德王多次催軍進攻，但除了增加傷亡以外，什麼也沒發生。此時一位老臣說：「賊兵有勇無謀，給我幾天，我有計謀破賊。」尙德王答應了。幾天後起大霧，視野非常差，琉球軍趁著天黑，命令百位士兵帶著火把繞道島嶼後方，假裝要從那邊突擊。奇界島士兵見狀，立刻留老兵守港口，主力則調去後方應敵。

見敵兵中計，中山軍趁此機會一擁而上，強攻奇界島正面。奇界島軍頓時陷入混亂，首領被俘虜後處決。尙德王另立新領導統治此地，回到琉球本島，在射下飛鳥的地方建設八幡宮，並將海上撿來的大鐘置於此處。

雖然打了漂亮的勝仗，但尙德王卻因此驕氣愈發，越來越聽不進臣子們的建議了。很多重臣看不下這種情況，紛紛隱居退位，包括前述和還肯勸諫尙德王的金丸，也是選擇罷官下野的一人。

結果，尙德王逃不過短命國王的傳統，在位九年就過世了。雖說前面幾位大王也都是在位期間不久，可是起碼過世時的年齡，都還落在四十幾至五十幾歲間。但尙德王死亡時候，不過才二十九歲，年紀之輕在當代也屬特例。

尙德王成爲「第一尙氏王朝」的最後一代國王。他死去之後，即位的不是他的兒子，也不是他的弟弟，更不是他的叔父。尙巴志所建立的政權，就在只傳到他孫子輩成員的狀況下，如同朝露一般的散去，落入他家手中。這位取而代之，成爲新任國王的人，是來自伊是名島，也正是那位一開始還肯冒險直諫，但終究心灰意冷，一度遠離政壇的那個男人：「內間御鎖」金丸。

第四章

第二尚氏的光輝：盛世與離島征伐

在世界各地的歷史中，幾乎都有一種偉人類型是：一開始從底層出身，但憑著自己的優異才幹，最後越爬越高，成爲一代天下之主的奇才。例如中國的劉邦、朱元璋，又或者日本的豐臣秀吉，埃及的拜巴爾一世等等。而在琉球，這類鹹魚翻身的代表人物，就屬後來改名爲「尚圓」，創立「第二尚氏王朝」的金丸。

我那時去運天港，找尋「源爲朝公上陸之碑」僅是次要目標，主要還是想搭船前往伊是名島。伊是名島就是金丸的出身地，往來運天港及伊是名島的航班，名字就叫做「渡輪伊是名尚圓」，

尚圓王馬拉松大會海報

船身則印有單手指著天空，看來意氣風發的金丸人物像。走進船裡頭，許多角落貼著身著王冠和琉球國王服飾，Q版吉祥物畫風尚圓王的圖案。此時正巧在宣傳二月舉行的馬拉松大賽，不只海報上也有尚圓王，活動全名也是「尚圓王馬拉松大會」。

我原先打算在島上住上一夜，無奈雨勢攪局打亂行程，只能選擇當天來回。算了算船班間隔，等於逗留時間差不多只剩兩小時，所以一下船馬上租了機車趕場。在沖繩各個離島之中，如伊是名島這般保留眾多歷史景點的並不多見。且像是伊是名城跡、玉御殿、銘苅家和番所跡等等古蹟，保存狀況都十分良好，雖然還是有歲月痕跡，但明顯有在勤於維護。

島上還有兩處公園，分別名爲「尚圓王御庭公園」和「尚圓王通水節公園」。後者放置了「尚圓王乘馬像」，前者則有「金丸像」，金丸像

渡輪伊是名尚圓外裝

的設計正和渡輪船身圖案相同。御庭公園內另有「尙家第二十二代當主」尙裕種植的紀念樹，以及同樣出身尙家，後嫁給彥根藩井伊家而改姓的短歌作家井伊文子之歌碑。

我一邊取材探訪，一邊思考著：沖繩各地或多或少，都有琉球王國的相關的紀念碑或城跡。然而在大多數的探訪經驗中，我發現除了首里城、今歸仁城或識名園這種常有遊客造訪的地方，其他很多地方的照料情形都非常不理想。例如二〇二〇年三月有則新聞，一位男性造訪南城市的「ヤハラヅカサ碑」，這是個紀念琉球創世神阿摩美久登陸地點的碑。然而因爲缺乏清潔，整個碑上的文字根本看不清楚，男子就乾脆自己動手清洗，還在石頭上塗抹白漆，讓上頭的文字刻痕更清晰可見。由於這個碑是市指定的文化財，男子的個人行爲並不合法，因此當場就被舉報，相關人員到場瞭解後，

渡輪伊是名尚圓內裝

也曉得男子沒有惡意。報導並沒有說明最後的處置方法爲何，然而看著碑清潔前後的對比圖，就不難理解男子的想法。

這狀況想來也合理，畢竟維護是要成本的，如果不是能促進觀光收入等價值，被荒置也是無可奈何的事。反而像是伊是名島一樣，幾乎所有東西都乾乾淨淨，妥善保存的模樣，才是比較少見的狀況。更重要的是，伊是名島和知名觀光勝地扯不上邊，如果要去離島玩，大多數遊客不是找渡嘉敷島、座間味島這種可以從那霸搭船去，當天來回也還算有餘裕的地方，就是乾脆直接到宮古島、石垣島等更遠的離島度假。

也就是說，伊是名島上頭的各種歷史景點雖多，但他們沒有如首里城般能吸引大批觀光人潮的功能性。講白話就是這些東西並不賺錢，可是卻還能維護得這麼整潔，那就剩下當

井伊文子歌碑

地本身對這些東西有熱忱，以及相關人士基於利益以外的原因，願意出手支援的可能吧。一想到這，就想起當今的琉球尚家雖然不再是王，但幾位後代在社經上仍保有一定地位，也許伊是名島今日的樣貌，他們算是占了一分吧。

伊是名島的青年

伊是名島尚圓王（金丸）雕像

由於尚德王死後，大位由金丸接手，因此這裡的尙家，當然與尙巴志的血脈無關。不過，這位金丸究竟是何許人也？若說尙德王蠻橫失人心，因此遭到眾叛親離就算了。然而，不二的接班人又爲何會是他呢？

金丸來自伊是名島，年輕時父母雙亡，扶養家庭的重任因此落在他肩上。有次，島上遭遇旱災，大部分的農家田裡都沒水了，但金丸每天從遠處的河川運來水源，時常爲此忙到半夜，所以只有金丸的田裡仍未斷水。可是其他人見狀，都懷疑是他把大家的水偷走。在眾人的責難下，金丸百口莫辯，只得帶著弟弟與妻子逃離伊是名島，渡海來到琉球本島的國頭地區。

對比今日伊是名島不斷強調自己是金丸的出身地，但由此來看，金丸顯然對這裡沒有太好的回憶。來到本島的金丸並沒有因此定居一

金丸（尚圓王）騎馬像

處，仍持續過著輾轉各地流浪的生活。傳說金丸是位花花公子，頗得女人緣，但也總是因女性問題產生糾葛，不得不頻繁更換居所。流浪到最後，他來到了首里周邊。

有一天，還沒當上國王，身分還是越來王子的尚泰久騎著馬，行經過首里城龍潭池邊一個被稱爲「邯鄲山」的地方。尚泰久在那注意到路邊有位衣衫破舊的男子，也就是金丸。金丸看到王子乘馬前來，慌亂之下一邊藏起什麼東西，一邊站起來行禮。

眼尖的尚泰久發現金丸的舉動，便問他藏了什麼。只見金丸很不好意思地從懷中拿出一小團白飯。尚泰久便說：「就這麼一丁點飯，有必要藏嗎？」金丸則回答：「雖然少，但對我而言也是重要的食物。」

尚泰久似乎從這短短的對話中悟出了什麼，決定把這個男人收爲手下。金丸此時二十七歲，從一介平民身分破例奉公，然而他靠著出色的才幹，獲得眾人的信任，官運節節高升。

日後尚泰久即位爲王，金丸被任命爲內間領主，只花一年的統治，就深受百姓愛戴。四十五歲時，他升官至「御物城御鎖側」，此職位負責掌管貿易、財政等事務，可說是國家的命脈。因爲金丸賞罰分明，做事有理，於是從近的那霸四邑，到遠方的各島嶼，都感服於金丸的治理。尚泰久王更是極度信任金丸，凡事一定都和金丸商討。

金丸和尚德王

仕途順遂的金丸，卻在尚泰久王死後有了變化。即位的尙德王有才幹卻剛愎自用，某次他擅自殺害了無辜的良民。金丸苦勸他：「我曾聽說『君王之道，在於能維持自身德行，以仁義對待人民，像民眾的父母一樣』但現在大王您無視法紀、典律，不聽勸，濫殺無辜，這不是爲人父母之道。希望您應該廣納諫言，屏除不肖之人，施行仁政，如此一來就不會再有民怨，社稷才可永保安康。」結果尙德王很不高興，罵道：「順我者昌，逆我者亡，憑你也想教訓我？」便拂袖而去。

有次，尙德王按例到久高島祭祀，回程途中經過與那原時，隨從都因爲勞累和久未進食，面有飢色，影響到行進效率。但尙德王一心想早點回到宮中，命令下人加緊腳步。金丸這時又上前勸道：「以前的大王到久高島時，因爲體念大家辛勞，都會在這裡賜予酒食，接著才繼續行程，這是一直以來的慣例。拜託您先停一下，讓大家吃點東西吧。」

尙德王一聽又不高興了，群臣們不敢多說什麼，只有金丸邊哭邊扯著他的衣服強諫。之後，尙德王雖總算是採納金丸的意見，讓大家吃過飯後再出發，但之後行事變得更加故我。感到失望無比的金丸，覺得這個官做得沒意思，便辭官隱退至內間。

第一尙氏王朝落幕

結果，任性妄爲的尙德王，才活到二十九歲就過世了。雖然事發突然，但因尙德王還留有子嗣，群臣們照例該奉尙德王的兒子爲新王。可就在大家在首里宮中籌備之時，一位老人突然現身宮中，朗聲誦道：

虎の子は虎 悪王の子や悪王
物呉ゆすど我御主 内間御鎖ど我御主
（老虎之子仍是老虎／惡王之子仍是惡王／我的主人必須是能讓社會富強的人／內間御鎖才夠格當我的主人）

「物呉ゆすど」另外也有「誰能帶給我好處」的解釋，而「內間御鎖」指的就是金丸了。當時金丸人不在首里宮中，而是隱居在他曾受封過的內間地區。

聽了老人的這番話，群臣們都認爲非常有道理，馬上決定要廢立世子，迎接金丸即位。許多貴族察覺宮中發生異變，想要溜之大吉，宮中一片混亂。在擁立金丸的人們追捕下，王妃和乳母帶著年幼的王子逃到眞玉城，但被發現後慘遭殺害。

群臣們帶著轎子、龍袍，浩浩蕩蕩跑來內間要求金丸出山。金丸非常訝異，說：「身爲一介臣子卻取代君王、以下叛上，這還有忠義可言嗎?你們最好回去首里，從王族中另找賢能的人立爲君王。」說完淚如雨下，不但不接受，還逃避到海岸邊。大夥兒追了上去，不停勸說金丸。金丸無法拒絕，只得仰天長嘆，脫去平民的服裝，接受龍袍加身。

爲了不驚動明朝，金丸決定改名爲「尚圓」，以此名號繼承尚氏所留下的一切權利。爾後明憲宗派遣冊封使來琉球，祭拜死去的尚德王並冊立尚圓王，其中詔書寫著：「乃父尚德，紹襲王封，曾未數年，遽焉薨逝。爾爲家嗣，式克象賢，宜承爵命，統其國人。」把尚圓王真當作尚德王的子嗣看待，承認他是琉球的新王。

問題在於，尚德王死時不過才三十不到，金丸即位時卻已經是超過五十歲的老人了，即使明朝不知道內幕，使者光看尚圓外貌，也應該判斷得出這中間有些蹊蹺，況且還有尚德王「遽焉薨逝」突然掛掉的疑點。如此看來，明朝方面果然還是不太有意干預琉球內政，重點擺在維持朝貢關係各取所需。於是，尚圓就順利繼承了尚氏王朝的名分。

尚巴志南北征伐一統琉球，然而他或許沒想過，這王座只不過傳到孫子這輩，就輕易地被外人整碗端走了。爲了和尚巴志所建立的王朝做區分，從尚巴志王到尚德王這段期間，就被稱爲「第一尚氏王朝」。而金丸（尚圓王）以降，直至琉球被日本併呑的政權，則稱爲「第二尚氏王朝」。

政變的黑幕

傳說金丸這人本來就有龍鳳之姿，腳下還有顆黃金色的痣。泊村曾經有一位叫大安里的人，預言他「可居億兆之上」。史書則稱金丸單獨田裡有水、躲過伊是名其他人的追殺、多次勸諫尚德王卻保全身而退等等奇事，證明他確實是天命之主，難怪最後得以稱王。

當然，事情不太可能那麼簡單。雖然記載上把金丸寫成自身沒有意願，是那位神秘老人的煽動，以及群臣的擁立下，才點頭答應上位。但這情節不難讓人想到現代選舉的時候，總會有些候選人死不承認自己對大位有野心，非要等人三催四請下，才會再次強調：眞的不是他想選，是選民、媽祖、或某個淡水阿嬤之類的叫他出來，不出來就是愧對大眾，他才會不惜粉身碎骨「Yes I Do」，勉爲其難地出馬，並且強調自身沒有一絲一毫喜悅這般套路一樣。

這類編纂出來的故事通常疑點重重，「金丸版」也不例外。首先是曾經稱讚過金丸有帝王之相的人，眞實身分被猜測爲「安里大親」，漢名「毛興文」。而也有在尚德王過世後，高聲推舉金丸才應該即領導位置的老人，也是他的說法存在。同時，「毛」這個漢姓與前述的琉球名將護佐丸漢名「毛國鼎」相同，於是更有了安里大親其實是護佐丸之兄的推測。

這些說法當然不能輕易視爲百分之百的正確，不過若是當成一種假設，倒是可以串聯出一個奇妙的邏輯關係。還記得護佐丸阿麻和利之亂時，護佐丸雖死於阿麻和利的讒言，但也有尚泰久王才是爲了除去強力諸侯的眞黑幕之說嗎？或者即使不是黑幕，可最後下令討伐護佐丸的，終究是尚泰久王。在這個前提下，便有了毛氏一族爲何和尚家結下樑子，進而發動政變推翻尚式王統的動機。

另外，尚德王年紀輕輕就一命嗚呼，這點也是極爲不尋常的。尚德王死時才不到三十歲，又沒有寫死因，讓人懷疑他到底是眞的突然猝死，還是在政變發生的同時自殺或者被殺。更有金丸號稱隱居在內間，實際上則暗中籠絡朝野眾人，發展反王府勢力，最後一舉推翻尚德王的可能。

久高島神女家族中還另外流傳一個說法：尚德王在久高島滯留期間，和一位名爲「クニチャサ」的神女相戀，忘了政事遲遲不肯回首里。結果，首里城發生政變，宮中擁立金丸爲王。尚德王在歸途的船中遭遇道一只漁船，船上漁夫將政變之事告知尚德王，尚德王雖相當憤怒，但也知道大勢已去，便投海自盡。流傳此說的是久高島「大里家」，傳說琉球創世神阿摩美久最初便是先降臨在此島，同時這裡也是琉球的五穀誕生之地，民眾看不下去而擅自清潔的「ヤハラヅカサ碑」正與久高島遙遙相望。至於大里家的建築，至今仍以「久高島最古老的家」被保存著。

鬼大城的反抗

然而，並非所有人都擁護金丸，或對這場政變袖手旁觀。其中代表的反抗者，就是斬殺阿麻和利，迎娶尚泰久王之女百度踏揚，統治越來一地，曾經被稱作「鬼大城」的越來賢雄。

在官方正史中，越來賢雄其實到阿麻和利事件過後，記載便完全消聲匿跡。但在沖繩胡差市的地方史料裡，則有了在金丸政變後，越來賢雄整頓軍力，聯合支持舊尚氏的人馬，意圖奪回政權的說法。成爲尚圓王的金丸當然沒放過越來賢雄，搶先發兵進攻越來城。雙方交戰下，越來賢雄不敵，退到他小時候曾住過的知花城，最後在洞窟遭到火攻而死。因此，沖繩市知花地區至今仍保存著「鬼大城之墓」。

越來賢雄起兵，甚至可能是反抗尚圓王的共主，想來和他從阿麻和利之亂以來對尚泰久王的忠誠，以及妻子正是尚泰久王之女脫不了關係。換句話說，這段故事可說是一位帶著亡國公主，意在復國的浪漫騎士物語。只可惜史實結局並不站在越來賢雄這一邊。

而藉由著擊敗像越來賢雄這種地方勢力，也剛好讓實權得以逐步往中央集中，避免讓政權三番兩次被推翻的劇情再度上演。這又和尚泰久王以來的作風相符。其實也有猜測認爲，尚泰久王當初處理掉護佐丸、阿麻和利等人的作法，可能就是金丸所出的主意。不過同時，越來賢雄的子孫仍仕宦於新政權，拜有封地，往後仍有活躍於王國者的族人在。

半年的國王

畢竟即位時已年紀不輕，尚圓王取得王位，但也只在位七年便撒手人寰。當時兒子尚眞才十二歲而已，群臣們便有意推舉尚圓的弟弟尚宣威即位。尚宣威就是金丸離開伊是名島時，那個帶著一起逃出來的弟弟，後來他也跟著金丸一同侍奉尚泰久王，雖然沒有特別突出，但官運也穩穩地往上爬。日後金丸搖身一變成爲尚圓王，身爲王弟的他也獲封越來一地。

尚宣威被推上王位，前半年還相安無事，可就在隔年二月，政變的陰影再度襲來：

按照當時慣例，每當新任國王上臺時，琉球王國的守護神「君手摩」會降臨宮中，附身在神女（琉球巫女）身上，對新王表示祝賀之意。因此，尚宣威自然也得通過這項儀式。

儀式當天，尚宣威整裝完畢，帶著年幼的尚眞來到首里城的廣場，正準備要接受祝福時，卻看到從內殿出來的神女們，隊列直接站到過往的相反方向，令在場的眾人詫異不已。正當騷動還未平息，神女們就開始朗誦著：

首里ヲハルテダコウガ
ヲモヒ子ノアソビ
ミモノアソビ
ナヨレバミモノ

（君臨首里的國王啊／其子之神遊／是爲非凡神遊／乘勢起舞乃眞命）

「神遊（神遊び）」是指替神明獻上讚頌歌曲的儀式。這句話強烈明示尚宣威：天命要的國王並不是你，而是先王之子尚眞才對。由於當時琉球對宗教相當敬畏，神女們此舉自然引起不安。尚宣威目睹此景，便表示：「尚眞雖然年幼，但爲命定之主，眾臣們務必好好輔佐他。至於我沒有天命，若是強占王位，必然受到神的譴責。」自行宣布退位，新任國王由尚眞接手。

宇喜也嘉陰謀論

當然，眞的有神明附身於神女身上的機率，就如同白髮老人眞的是突然起乩，宣布唯一支持金丸的機率差不多。最合理的推測，指向這一切都是尙眞的生母：宇喜也嘉的陰謀。

宇喜也嘉是尙圓王的王妃。前述金丸在二十幾歲離開伊是名島時，曾說他帶了一位妻子，但在尙圓王五十歲時，宇喜也嘉也才二十歲，年齡應該是對不上。那位伊是名島時期的妻子後來去了哪裡，現在的紀錄則沒有說明。總之後來尙圓王的正宮，就是這位宇喜也嘉夫人。

或許是作爲生母，眼睜睜看著兒子的王位被奪去，心裡很不是滋味吧。於是宇喜也嘉利用了琉球的宗教信仰，展開奪權計畫。當時琉球的政治爲祭政一體，「表」的政治由男人所掌管，女人則負責「裏」的宗教層面。神女們信奉君手摩，此神掌管太陽與大海，住在被稱爲「ニライカナイ」，一個代表著生命之源的遙遠異界。每當新王登基時，君手摩便會附身在神女身上，爲琉球國王加冕。

宇喜也嘉利用這套加冕儀式，事前勾結神女，讓她們假借神明之口宣布尙宣威王德不配位，藉此逼退他換取尙眞即位。此理論最早由伊波普猷提出，也確實是最合乎邏輯劇本。

尙眞王即位的該年，退位的尙宣威隱遁至領地越來，同年八月就過世了。同時在這一年，有一群朝鮮人漂流到琉球，他們曾見到來自首里宮中的隊伍。其中一位女士坐在擁有金飾，層層護衛的華麗轎子中，後方則有一名乘馬的美少年。朝鮮人雖感到有些惶恐，不過該女士注意到這些異國訪客，賜給了他們一些酒食。後來這些朝鮮人透過通譯，得知騎馬少年就是當今國王，但還年幼，因此國政由母后代爲主持，就是那位轎子中的女士。這則記錄看出了靠著兒子登基，宇喜也嘉自身也權傾一時，讓她是政變黑幕之說有了更鮮明的想像。

確立中央集權

尚宣威退位，尚眞稱王的事件無論是不是宇喜也嘉的陰謀，但結果來講，尚眞王的統治，大大地影響了往後的琉球王國。

尚巴志雖然統一，但往後每一任都做不久，間接引發了許多亂事。不過到了尚眞王，他在一四七七年登基，於一五二七年過世，長達整整五十年的統治時光，在琉球統一以來絕無僅有。想來尚眞剛即位時還年紀不大，或許正是在宇喜也嘉垂簾聽政之下，順利的完成權力交接，爾後又沒出意外的活到壽命盡頭，才會獲得這麼長一段執政時間。而在這段時期，尚眞王也留下了爲數眾多的政績。

琉球王朝也好，更早期的察度、英祖等王統也好，國政一直有著各地按司雄踞一方，表面稱臣，實際上卻對中央愛理不理的問題。結果就是輕則諸臣一看國王不爽，就動輒不上朝，或者在中央有危難時裝死不救，重則像護佐丸阿麻和利之亂一樣，諸侯本身就是亂源。即使形式上統一了，卻始終籠罩在四肢腫大，主幹衰弱的毛病之下。

到了尚眞王統治，他將各地的按司通通集中到首里城。雖然中央保證這些按司的地位和收入，但同時撤銷他們的兵權，讓他們遠離自己的領地，並改派代官去治理。於是中央獨強，各地勢力衰退的局面因而形成。

另外中央也將武器往中央集結，「以爲護國之具」，讓王府享有最完整的戰鬥力。有解釋將此舉當成琉球版的刀狩令，又或者強調現今沖繩在大力推倡反戰思想時，以此事作爲「琉球王國時期即是強調和平的國家」的說詞之一。實際上這與完全廢除武器相差了十萬八千里，求的也不過是強化中央，削弱地方武力。同時，也有作爲抵禦倭寇海盜的軍備意義。

尙眞王另重新制定官階，並且以紫、黃、紅、綠、青等帕（冠帽）的顏色，依序區分官階大小。有特殊功勞的官員，則會被賜予紫綠紅交織的浮織帕，王子和強力按司另有紅黃紫綠黑五彩交織的浮織帕。再來，尙眞王訂出一十五爲朝儀，群臣必須左右列隊，並遵守新訂的朝儀之禮。這都是明確化上下關係，鞏固政權體制的作法。

另外，本來琉球有著殉死的習俗，每當國王或重要人等過世，總會有人競相尋死。但尙眞王認爲這是惡習，於是在他的生母宇喜也嘉死去之時，明令禁止殉死，中斷了此一風俗。

聞得大君制度

曾經靠著祝女們的力量，一舉奪得王位的尙眞王，對琉球宗教制度也進行了重大改革。琉球的信仰，雖具體化爲神女（祝女）組織，然而到此爲止，許多權力分工仍處在曖昧的狀態，才會讓宇喜也嘉有機可趁。到了尙眞王期間，他便設立了「聞得大君」這個職位，使其成爲神女組織領導者。初代的聞得大君爲尙眞王的妹妹「音智殿茂金（月清）」，底下依序有「眾君」（又稱「三十三君」），再來是統領地方神女的「大阿母」，最後則是一般祝女。

聞得大君的就任儀式在本島東南方，鄰近久高島的「齋場御嶽」進行。爲了迎接新任聞得大君，從首里到齋場御嶽的道路會進行整備，該處會舖上來自「聖地」久高島的砂，祝女們也會在這裡遙拜久高島。曾經齋場御嶽禁止男士進入，就算是國王想進去，還得事先換上女裝才行。如今已轉型成爲觀光勝地，只要支付入場費，誰都可以進去觀摩。

聞得大君雖表面是宗教職位，賦予神職人員政治權力，但實質上卻是將宗教組織收編，納入官僚制度下的一步棋。伊波普猷直指「祝女以上的神職，是策略性、亦即由人爲製造出來的產物，就是純粹的官吏」。而在琉球王國滅亡前，聞得大君共傳了十六代，整個制度直到一九四四年繼任的第十八代才廢止，這十八代擔任者皆爲王室女性。

除此之外，雖然名義上由聞得大君統領眾祝女，但底下無論是大阿母還是一般祝女等人，都是國王進行任命的。現在留存著署名「首里」，也就是國家代稱的任命書，但署名聞得大君的任命書卻是完全沒有，既然連祝女們的任命權都受制於國家，可見得聞得大君以作爲象徵的意義居多，實際權力多則掌握在國王手中。

琉球的祝女　琉球郵票

一年一貢

琉球本身物產有限，財政得倚靠海上活動，與明朝的「朝貢貿易」是經濟上一大命脈。從中獲得極大利益的琉球，自然想擴大與明朝的朝貢關係，但明朝的想法則未必與琉球同調。尚圓王時期，明朝皇帝為明憲宗，他就定例兩年一貢，並且使節團最多百人，不能超過五人，而且不准私帶貨物等等規則，限制琉球的船隊規模和朝貢次數。

到了尚眞王時期，他派向明朝感謝冊封時，請求：「我們讀了過去祖訓，裡頭提到（明朝）准許我國可隨時朝貢，所以自祖父以來都是一年一貢。但舊巡撫福建大臣認為我國使者違法牟利，因此下令兩年一貢，這確實是我們的過失。但祖宗會如此獻殷勤，乃是眷顧中華之恩，防止他國窺伺。因此希望能改回舊制一貢。」但明憲宗沒有答應。

一四八一年，琉球進貢使又再度提及隨時上貢一事，明朝禮部深知琉球為熱衷於朝貢的內因，稟報明憲宗「琉球的意思在假進貢之名，行貿易之實，不要接受比較好」，於是明憲宗再次給琉球打了回票。

隨後明憲宗、明孝宗過世，由明武宗登基。一五〇七年，琉球趁著祝賀的同時，又再度請求一年一貢。這時禮部仍持反對立場，但當時皇帝明武宗認為「琉球久守節義」，特別答應可以一年一貢。琉球在不斷爭取下，終於達成了目標，成為尚眞王任內誇耀的功績之一。

高良倉吉在《琉球的時代：偉大歷史的圖像》中，以「皇帝終於禁不住尚眞的請求，認可琉球進行一年一貢」描述，似乎以琉球不屈不撓，明朝拗不過來解釋爭取到一年一貢的原因。不過我認爲眞正改制的關鍵點，也許不是別人，正是這位「明武宗」。

明武宗在歷代帝王中，是以作風故我，特立獨行著稱的一位皇帝，其行事之放蕩不羈，不只是明朝，放眼中國史上也是絕無僅有。雖然在他任內有平定寧王之亂，擊敗蒙古達延汗等武功，可同時也有寵信宦官，建立「豹房」，整天鬼混玩樂，還曾跑去跟老虎打架等等荒誕逸事，爭議頗大。另外，他對外來文化的極有興趣，自身信仰伊斯蘭等宗教外，還自封忽必烈、大寶法王（藏傳佛教噶瑪噶舉派法王）等稱號。

由於他愛玩，加上又對外來文化表示開放的個性，或許是琉球給的進貢品讓他感到有趣之處，也可能他覺得禮部做事死古板，不想管他們的諫言，促成了一年一貢。且到了明世宗時期，這優惠又再度變回「遵先朝舊制」的二年一貢。

葬在玉陵的人

前文曾經談到首里城、今歸仁城等等「世界遺產」。其實它們都是在二〇〇〇年，以「琉球王國城池與相關遺產群」之名被聯合國教科文組織登錄。這是沖繩首次遺跡被登錄爲世界遺產，並不是一處一地的個別認可，而是一次性地將琉球王朝相關的重要古蹟一併列入。被選入的「同捆包」內容分別有：首里城跡、今歸仁城跡、座喜味城跡、中城城跡、勝連城跡、齋場御嶽、玉陵、園比屋武御嶽石門、識名園等九個地方。

其中除了齋場御嶽在尙眞王任內被指定爲聞得大君的就任之地以外，玉陵、園比屋武御嶽石門也都是在尙眞王期間所建造。玉陵是第二尙氏王朝的王室陵墓。原先尙圓王本來已葬在上森陵，後來遺骨被移到此處，使得除了被逼退的尙宣威與往後的尙寧兩位國王以外，包括琉球王國的最後一任國王尙泰，第二尙氏的歷代國王死後都是葬在玉陵之中。就連王國滅亡，尙家後人的遺骨在死後仍是被移到玉陵安置。

玉陵就在距離首里城步行可至之處，然而相較於成爲熱門景點的首里城，參訪玉陵的遊客不多，年度的造訪人次甚至連十萬都不到，顯然並未被觀光客視爲「套裝」行程。玉陵本身來講，門票雖然便宜，但不像首里城有廣大完整的園區，包含展示室在內的陳列物件並不

玉陵

多。以我自己的觀賞經驗而言，確實除了本來就知道是重要遺跡之外，其他找不出太多看點，雖有因爲帝王墓園特性包裝成是「能量景點（パワースポット）」的說法，但我自己是個對怪力亂神無感的麻瓜，不構成吸引力。展示室也顯得比較陽春，儘管該有的資訊是有，布置卻讓我想起了校園舉辦的學生發表會。如何活用玉陵的歷史價値，現今便成爲沖繩觀光的課題之一。

玉陵分爲東、中、西三室，歷任國王集中葬在東室，西室則以葬了月清等相關王室血緣之人爲主。唯獨中室僅葬一人，是誰則證據不明。但在玉陵的展示間則登了一則傳說，認爲該處被葬者爲「木田大時」。

故事描述：在玉城間切前川村，有位法力高強，名爲「木田」的易者（占卜師）。有次王子生了重病，木田爲王子驅逐惡靈，很快就治好了王子的病，國王因此非常高興，便賜予木田「大時」的稱號。「時」是沖繩語中此類職業的男性稱號，「大時」之名則象徵「時」之中的最高榮耀。

然而木田卻因此遭到忌妒，那些不滿木田的人，聲稱王子的病本來就該好了，木田只是裝作會法術，剛好選在對的時間出現騙過大家，其實本人根本沒有什麼靈力。謠言越滾越大，就連國王都有所耳聞，於是再度找來木田做確認。

國王打算測試木田，和家臣事先準備一個箱子，在裡頭放了一隻老鼠，等到木田到場後，便問他：「請問箱子裡有幾隻老鼠？」

木田回答：「報告國王，有三隻。」

答錯的木田遭判處死刑，家臣們將他押到安謝的刑場。雖然如此，國王對於能治好王子重病的木田，居然連這點小伎倆都破解不了感到納悶。失望的他打開箱子，竟然發現箱子裡眞的有三隻老鼠，原來是當初放的那隻早已懷孕，在木田回答的時候，已經生下了兩隻小老鼠。而木田能夠未看就說中，反而證明了他確實能力高強。

國王急忙命人揮動大旗給刑場打信號，要他們中止處刑。但刑場的人完全會錯意，看到旗子揮動，反而以爲要盡快行事，於是處決了木田大時。自知犯下大錯的國王爲了補償木田，發誓從此會厚待他的子嗣，並將他升格葬在玉陵，與王室們共處一地。

故事中並沒有說到這位國王是誰，而猜老鼠有幾隻，但因爲意外而造成誤會的情節，顯然不像是原創情節。不過就算當奇聞軼事看，結果還是不知道玉陵中室的那一組遺骨，到底屬於誰的。

園比屋武御嶽石門

尚眞王的其他建設

另一項世界遺產「園比屋武御嶽石門」，是園比屋武御嶽的入口。園比屋武御嶽是位於首里城內的一小片樹林，國王在出城前，必定會先在此祈求平安，傳說如果此行將有不測，神明就會顯靈警告國王。石門以混合中日兩種風格建造而成，有木製唐破風形式的城門，以及石灰岩的石牆。

受命建造園比屋武御嶽石門的工匠名爲「西塘」。西塘出身於八重山群島的武富島（今日竹富島），因才能被大里親方看上帶到琉球，在三司官（國王之下實權最大的官員，相當於琉球的宰相，採三人制）底下工作。因爲要建造石門，西塘便獲得推薦，而他希望完成石門後可以回到故鄉，並同時會在故鄉供奉園

圓覺寺跡

比屋武御嶽的神明。結果西塘才花幾十天就建好了城門，當時爲一五一九年。一五二四年，西塘受封「武富大首里屋子」一職返鄉，管理八重山群島。但也有他在石門建好之後，過了二十幾年才返鄉的記載。回到故鄉後的西塘，創建了國仲御嶽供奉園比屋武的神，完成他的諾言。

尚眞王另也修建了「眞珠道」。眞珠道是以首里爲起點，由金城坂（首里金城石疊道）等連結到南邊國場川眞玉橋的道路，方便一般民眾利用之外，也具有快速移動部隊的軍事用途。現今大部分的路段已在沖繩戰中遭到摧毀，金城町石疊道是少數保留下來的區段。近年因爲首里城成爲觀光勝地，加上知名手遊「旅蛙」中曾收錄該處圖片，使之意外成爲在臺灣觀光客間也頗爲知名的打卡景點。

圓覺寺放生橋　琉球郵票

尚眞王年間還仿造鎌倉的圓覺寺，在首里城北面建造了同名寺院。創建者爲自第一尚氏的尚泰久王年間，就已經在琉球傳道的高僧芥隱。圓覺寺被稱爲琉球三大寺之一，多在中國冊封使到來之際，作爲宴會場地使用，在琉球滅亡後的一九三三年曾經被指定爲國寶，但在沖繩戰中被摧毀。現在遺址位於沖繩藝術大學校區內，前曾提過下落不明的琉球國王御後繪，本來便是放置在此寺之中。

「赤犬子」傳說與三線起源

說到現今最能代表沖繩的一項樂器，那麼能想到的一定就是「三線」了。沖繩的三線和中國的三弦、日本的三味線等等算是類似體系的樂器，但在構造上有些微差距。三線有著數百年的歷史，任憑沖繩怎麼捲在中、日、美等大國之間，傳唱也從未中斷過。對沖繩人而言，三線是一種難以言喻的鄉愁，雖然眞正的三線琴，需要用蛇皮等材料製作，工法十分講究，不過在二戰後美軍統治時期，由於普遍缺乏物資，也馬上就有沖繩人靠著空罐頭製作三線彈奏，塡補日常的心靈空虛。

即使被併入日本，然而無論在戰前戰後，沖繩遭到「本土」歧視的現象從沒少過，三線也一度被嫌棄爲是不入流的樂器。不過這樣的觀念隨著時間逐漸改善，後來樂團 THE BOOM 以沖繩戰爲題材，創作的歌曲〈島唄〉紅遍全日本，還帶起一波三線的搶購潮（儘管單看歌詞，會誤以爲〈島唄〉是一首情歌）。其他如 BEGIN 等三線歌曲爲主的樂團，也逐漸在日本樂壇上占據一席之地，使得在今天，三線已然成爲沖繩的代表特色。走在國際大街上，都會看到販售三線琴、三線歌曲 CD 的店家，很多餐廳也都會提供現場的三線演出攬客，反映出其受歡迎的程度。

那麼，三線到底是何時進入琉球的呢？雖然實際年分恐怕難以確認，但可知在尙眞王時期，應該就已經達成了一定普及度。因爲就在這個時候，有一則傳說，正是以描繪三線的發明者爲內容：

故事要從讀谷村楚邊的聚落說起：當地曾有一位叫做チラー的美女，チラー養了一隻紅狗「赤犬」。有一次發生旱災到處缺水，赤犬卻一身溼淋淋的回到チラー家中，赤犬叼著チラー的衣袖，將她指引到至某個洞窟內。チラー發現洞窟內居然有水源，立刻將此事告知村民。村民後來合力築了一條渠道引水，並將之命名為「暗川」，解了旱災之苦。

讀到這裡應該不難發現，這段找到水的情節，和前面南山滅亡的「嘉手志川」如出一轍吧？不過雙方相似處到此為止，故事往後的發展截然不同。身為傾城美女的チラー，自然也有著許多男性愛慕者。可惜的是，チラー當時已經和大屋的カマー立下了婚約，吃不到葡萄的男士們憤恨難消，竟然聯手殺害了カマー。

結果，雖然カマー死去，但チラー早已有孕在身。那些殺死カマー的男人們便侮辱她說：チラー不可能僅憑自己一人就懷孕，因此她的孩子，肯定是跟赤犬交配的種。受此羞辱的チラー離開村莊，日後產下一男孩。幾年之後，チラー的父母因為想見女兒和孫子，終於是找到了チラー。然而チラー認為沒有臉見父母，於是羞愧自殺。那名チラー所生下的男孩，就被人稱做「赤犬子」（アカインコ）。

「赤犬子」被チラー的父母所扶養長大。某天，赤犬子聽到雨聲悅耳，為了重現那美妙的聲音，他靈機一動，取下檳榔葉柄當琴頭，樹幹做琴身，以及馬尾當弦，就這麼完成了一把嶄新樂器「三線」。發明三線的赤犬子，隨即帶著這把樂器遊歷四方。

有一回，赤犬子到了中城安谷屋地區，碰到一名抱著無菁的男孩。當時正口渴的赤犬子，便懇求男孩是否能分一顆給他。於是男孩用鐮刀將無菁的枝葉切斷，讓赤犬子可以方便食用。赤犬子大喜之餘詢問男孩，知道他的名爲「松」，於是便高唱若松（若爲年輕之意）之名必將傳頌。這男孩長大後名爲「中城若松」，成爲一位遠近馳名的美男子，還被玉城朝薰寫成組踊劇碼《執心鐘入》的故事主角。

某次赤犬子旅行到了北谷地區，向當地的民家求水喝。只見來應門的是一位孩子，赤犬子便問他父母到了哪裡，孩子回答：「父親去拿夜之目，母親去割東青草夏而立枯萎。」赤犬子想了一下，得出「夜之目」指的是可作爲燃料的松脂，「東青草夏」則是說麥子。之後赤犬子遇到孩子的父母，便稱讚這孩子頭腦非比尋常，若是從僧必然受到眾人敬仰。後來那位孩子長大後，果然成爲被稱作「北谷長老」的高僧。

赤犬子傳說的最後，是他到了瀨良垣一地，飢餓的他向該處的船工要飯，結果船工看他穿著邋遢，毫不客氣地將他趕走，不滿的赤犬子便詛咒「瀨良垣水舟（水舟爲沉船之意）」。後來赤犬子到了谷茶一帶，谷茶的船工們大方款待赤犬子，赤犬子便祝福谷茶的船爲「谷茶走舟」。結果，瀨良垣的船果然沉了，而谷茶的船則如滑行一般飛快奔馳。瀨良垣的船工心有不滿，便要去找赤犬子算帳。赤犬子一路逃到楚邊後，將自身的拐杖立在一塊岩石上，自己乘風飛去，從此不見蹤影。

赤犬子的故事讓人聯想起如「八仙」般的民間傳說，細節上大可不必認真。不過推究起來，起碼可以當成在那時，三線或許已經在琉球流傳的一項資料。畢竟要是當時沒有三線，也不會有「是誰發明了三線」這個疑問。赤犬子或許不是仙人，也可能是一位知名的三線音樂家，史上最早的琉歌集《思草紙》就多次出現他的大名。這些事蹟或許是他在走遍各地演奏的同時，大家口耳相傳下所積累、變化而成的。而新娛樂項目的誕生和普及，或許是國泰民安的一種側面寫照。

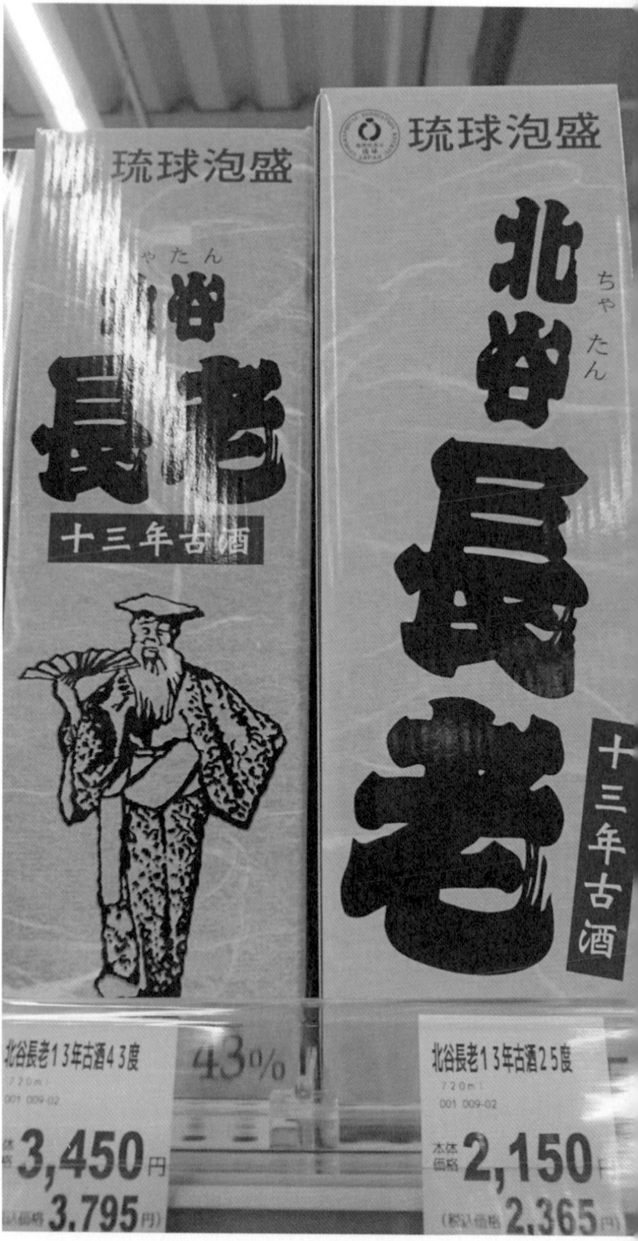

以「北谷長老」為品牌名的酒

宮古島統一

現今談到沖繩，同時也包括沖繩縣轄下的宮古島、石垣島和與那國島等等。這些島鍊夾在沖繩本島和臺灣之間，其中石垣島爲中心，包含與那國和波照間等島的區域，被稱爲「八重山群島」。八重山群島地理上和臺灣極爲相近，自古以來多有往來紀錄，像是自始前時代，兩邊的原住民互相就有如巨人等等的類似傳說，而現今石垣島的鳳梨、水牛等等，其實都是由臺灣人引進的，島上可以見到不少與臺灣相似的習俗。戰後雖然分處兩國，但底下的走私行動仍持續好一陣子，甚至二二八發生後的混亂時期，都有民眾直接逃往與那國島的傳聞。

對臺灣遊客而言，談到石垣島的印象大多正面。疫情前每週都有兩次直飛航班，飛行時間不到一小時，成爲短期觀光的理想去處。除了採買特產和日貨之外，石垣島上的「石垣牛」更是名聞遐邇，在產地直接享用高級和牛的豐腴口感，自然比其他地方更爲新鮮且划算。過去職棒的Lamigo桃猿隊（現樂天桃猿），經常在賽季前飛到石垣島，和日職羅德隊練習切磋，同時也會趁機揪團球迷一同前往，看球兼享受愉快假期。

不過，既然沖繩本身就是日本的離島，常有權益遭到忽視，邊緣化的狀況，而其他離島中的離島，同樣的情形自然更爲嚴重。我在沖繩工作時，公司懲罰員工的方式之一，就是將對方調到石垣島分部。因爲實在沒有人想被「發配邊疆」，到環境不便的離島生活，所以該處的人手一直不足。離島的年輕人也寧願往沖繩本島跑，或者直接去日本找工作，形成嚴重的人口外流。

在首里城火災之後，有一條推特上的熱門訊息，寫著其實看在這些離島民眾的眼裡，有些人並不替首里城燒毀感到可惜。畢竟在過去琉球王府統治期間，其實非常壓榨當地人民，至今仍有不少民眾記恨。如果說沖繩與日本的歧見成因，部分來自於沖繩本來就是獨立國家，後來才遭到日本強硬併吞的，那麼宮古島、八重山群島的狀況也可以說幾乎一樣，本來自己部落過得好好的，卻遭到琉球王府的征討而被併入。

而宮古島、八重山群島地區完全被納入琉球領土，正是尚眞王時代創下的武功。宮古島原先是農村社會，眾人推舉有能者治理，但演變到後來成爲強豪各據一方，互相火拼。其中一大強權爲「目黑盛豐見親」。目黑盛豐見親雖然到七歲爲止都還不會走路，但長大後學得好武藝，擊敗敵對的與那霸原軍，統治宮古島。

與那霸原有一位被稱爲眞佐久的少年，當時戰敗身受重傷。他打聽到琉球中山王府的存在，便派人與當時的中山王接觸。那時琉球本島還處在「三山時期」，中山王是「天女之子」察度。察度任命眞佐久爲宮古島主，於是他就被尊稱爲「那霸勢頭豐見親」。此後與那霸勢頭豐見親向中山朝貢輸誠，保住了自身的勢力，然而終究不是完全掌握了宮古島，所以整區仍是處在分裂的狀態。

到了十五世紀，一名名爲「空廣」的少年誕生。空廣是目黑盛豐見親的玄孫，他的伯父根間大親還未生下子嗣便過世，根間夫人便要求扶養空廣作爲義子。空廣七歲那年，要求義母讓他去指揮奴僕做事，根間夫人雖然認爲空廣還小，懷疑他能不能好好命令一群大人，但拗不過空廣的請求，還是答應下來。結果在空廣非凡的領導能力下，眾人順利完成工作。

當時與那霸勢頭的孫子大里大殿正巧經過，空廣將蒜捆成束，獻給大里大殿。大里大殿看到空廣禮儀談吐都十分成熟，完全不像個小孩，直呼：「我遇到了位神童」。大里大殿非常欣賞空廣的才能，於是在空廣十七歲時，將家權讓渡給他，使得對立的兩派勢力逐漸合一。

大里大殿死後，雖然理應由兒子手盛繼承，但他在從琉球回程途中於久米島過世。空廣於是成爲新任島主，在一四七四年，空廣接受尚圓王的任命，正式被封爲宮古首長，改稱「仲宗根豐見親玄雅」。仲宗根上任後，和各地豪族配合，造橋鋪路、挖井確保飲水、設置「藏元」制定租稅制度等等，穩固了宮古群島的發展。此外他也擴大了海外貿易，但也因爲如此，和八重山地區的領主「遠彌計赤蜂保武川」產生摩擦。

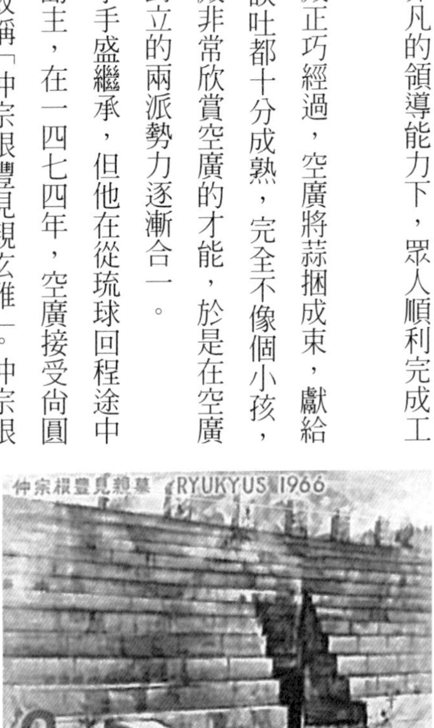

仲宗根豐見親墓　琉球郵票

征伐八重山群島

琉球官方記載，八重山地區自洪武年間（約相當於察度王時期）就年年入貢。但到了「遠彌計赤蜂保武川」這一代，因爲赤蜂本人個性驕傲，欺侮弱小，處心積慮謀叛，因此斷了朝貢。石垣邑的長田大翁主忠於王府，有兩位弟弟和兩位妹妹，但因不肯聽從赤蜂的話，結果弟弟們慘遭殺害。長田大翁主便躲藏到古見山（西表島）的洞窟之中。

統治宮古島的仲宗根豐見親與赤蜂不和，於是傳出赤蜂將攻打宮古島的消息。琉球王府得知情報，尚眞王決定派遣大里親方等九名大將，由仲宗根作爲嚮導，率三千多士兵與戰船四十六艘，準備遠征八重山的赤蜂。

琉球軍隊抵達石垣島，只見赤蜂的軍隊早已背山望水排好陣勢，同時還有幾十位巫女拿著枝葉，似乎在下咒施法。琉球進軍後，赤蜂親自帶隊應戰，士氣高昂，大里大親認爲：「賊兵有銳氣，不能輕敵。」於是將艦隊分兵，一隊進攻登野城，一隊進攻新河。赤蜂無法顧及兩端，亂了手腳，琉球官兵於是乘勝追擊，一舉打垮赤蜂軍。

赤蜂戰敗被俘後遭處決。至於長田大翁主因對王府忠誠，被任命爲古見大首里大屋子，兩位妹妹之中，其中一位嫁給赤蜂，在戰後遭到處決。另一位妹妹「眞乙姥（マイツバ）」則因保佑琉球軍作戰有功被拔擢。

協助琉球王府軍的，另有一位被稱爲「君南風（チンペー）」的祝女。君南風並不是人名，而是久米島祝女集團中的最高領導者。傳說過去久米島有三位神女，長女在首里、次女在八重山、三女在久米島，三位女性分別在各地成神，因此隨著王府和八重山部隊出征，本來就是姊妹的久米島君南風也隨行。當時他們看到赤峰的陣容堅強，君南風便做了幾隻竹筏，趁黑夜點火放出。赤蜂軍看到火光隨波逐流，以爲那是琉球軍隊，便被吸引走，給了眞正琉球軍隊進攻的機會。

除此之外，不服赤蜂的人，還有來自波照間島的「獅子嘉」。當時赤蜂想反抗琉球王府，因此發檄文到各處，召集民眾說道：「中山大軍將侵犯境內，你們必須奮力出戰，如果違反命令偷懶，則依法處斬，不會饒恕。」但獅子嘉爲人篤實忠義，不肯聽從赤蜂的話，於是逃到波照間山躲藏。赤蜂派手下嵩茶、黑勢等人去勸降，特別交代他們：「我屢次招募獅子嘉，但他都不肯聽從，肯定其中有甚麼緣故。你們去波照間，最好寬容行事。」

嵩茶等人受命後，於海邊發現正在釣魚的獅子嘉。眾人不斷力勸，但獅子嘉就是不從。嵩茶最後抓起獅子嘉，帶到一個叫小濱的地方殺了他，將屍體丟到海裡。後來赤蜂被滅，琉球王府聽說了獅子嘉的忠義行爲，就將他的三位兒子、三位女兒召來王府，給與封賞，又派人去找獅子嘉的遺體，但沒有下落。一天，小濱海邊有一棵樹，明明四周沒有風，卻自有動靜。大家覺得奇怪，調查後發現樹下有屍骨，這才找到獅子嘉的遺體，並將他葬在波照間。如今波照間島號稱「日本最南端的島」，特產尤以黑糖爲最，是沖繩常見的伴手好禮。

女豪傑伊索巴

宮古島與王府聯軍雖然成功打倒赤蜂，但卻在進攻與那國島時，遭遇到頑強的抵抗。當時的與那國島首長，是被稱爲「伊索巴（サンアイ・イソバ）」的女頭領。據說伊索巴身高八尺（一尺三十公分），身寬三尺，是一位不折不扣的女巨人。與那國島有一個峭壁，裡頭巨石環繞的走道，被稱爲「パサグ」。該處並不是特別狹窄的空間，連牛馬之類的大型動物都能來去自如，但伊索巴卻需要彎腰縮著身子才能通過。另外，在「サンニヌ」這個地方，有個類似人類足跡的巨大印子，傳說即爲是伊索巴的腳印。

身爲領導的伊索巴，將他四個兄弟配置在島上各村落統治，自己則於中央的サンアイ村。某天，仲宗根豐見親的長子仲屋金盛豐見親，揮兵登陸與那國島，在島上燒殺擄掠。伊索巴當時在睡覺，因做了惡夢被驚醒，隨後立即察覺島上情況不妙，並發現正在襲擊村莊的宮古島軍。

伊索巴憑藉著傲人的武勇，三兩下就打敗了宮古島軍。伊索巴抓著仲屋金盛的腳，把他倒吊在半空中，質問他：「你活捉了我的兄弟，還是殺死了他們？」金盛回答：「殺死了。」伊索巴大爲火光，徒手要將金盛撕成兩半，痛得金盛改口大喊：「活捉了。」伊索巴放下金盛，急忙到村落中尋找她的兄弟，卻發現村落已是一片火海，人也早就被殺了。知道被金盛騙了，伊索巴想回頭找金盛算帳，可金盛早趁機躲到山中，之後隨宮古軍撤退。伊索巴雖然隻身就擊退來犯的大軍，但也就這麼失去了她的四個兄弟。

與那國島最後在名爲「鬼虎」的首長統治期間，才被宮古島軍討平。鬼虎也是一名巨漢，才五、六歲就身長五尺。他出身自宮古島，曾碰到宮古島鬧飢荒，當時剛好有與那國商人來訪，便用米一斗爲代價買走鬼虎，帶到與那國島。

鬼虎長大後，更成長爲一丈五吋（三公尺十五公分）的巨人。有一說講他原本是伊索巴手下大將，頗得伊索巴信任，但後來仗著實力堅強，越來越不服伊索巴，於是伊索巴只好求助於宮古島，擔任仲宗根豐見親軍隊的嚮導。但由前所述來看，伊索巴和仲宗根豐見親應該結下了血海深仇才對，因此此說疑點重重。

由於與那國島嶼四周都是岩礁，唯一可登錄的南口又地勢狹窄，鬼虎仗著如此易守難攻的地形，不肯歸順琉球。尚眞王便將寶刀治金丸出借給仲宗根豐見親（此刀原先即由仲宗根豐見親所獻上），命他討伐鬼虎。

仲宗根豐見親知道不能和鬼虎硬拼，於是想定計策。他帶著軍隊和四名貌美的祝女，來到與那國島。祝女們率先上岸，假裝哭哭啼啼的樣子，向鬼虎泣訴宮古島鬧大飢荒，請求本來就是宮古島人的鬼虎可憐她們，讓她們住在島上，並送上「諸味麹」給鬼虎。實際上這個諸味麹是參了昏迷藥的毒酒，鬼虎不疑有他喝下去，果然醉倒，宮古軍隊便趁機登陸。

發現宮古島軍來襲的鬼虎，立刻掄起大角棒應戰，其武勇無人能擋。仲宗根豐見親本來想展開攻擊，跳過田地時卻不慎跌倒，鬼虎見狀哈哈大笑：「現在你不過是條鍋中之魚，焉能起身？」此時金盛兄弟與金志川兄弟一擁而上，左右包夾鬼虎。鬼虎大喝一聲，氣勢有如雷鳴，嚇退了眾人。仲宗根豐見親見機跳上來，用治金丸砍向鬼虎右膝蓋，長男金盛也衝出來，一刀砍下鬼虎腦袋，斬殺了鬼虎，鬼虎殘黨皆投降宮古軍。與那國島於是被平定。雖說紀錄上寫是嘉靖年間（一五二二至一五六六年）發生的事，但考慮到仲宗根的年齡，以及相關資料比對，學者則提出這應該屬於正德年間（一五〇六至一五二一）且在一五一三年前發生的才對。

順帶一提，借給仲宗根的寶刀「治金丸」，是如今「琉球三寶刀」之一。該刀在八重山戰役結束後回到尚眞王手上，尚眞王命阿波根實基將之帶到京都研磨。阿波根找到了優秀的工匠，但是該工匠覬覦寶刀，在交貨時偷偷將寶刀掉包。阿波根沒有察覺，將刀帶回琉球後，王后發現了刀不太對而告知國王，於是國王再次命阿波根赴日找回眞刀。這次阿波根花了三年的時間，好不容易才拿回眞品。因爲這次事件，他因此被喚做「京阿波根」。

京阿波根因此事獲得拔擢，但也同時遭忌，那些人向尚眞王進讒言，使得尚眞王動了殺機，但又不好直接對沒罪狀的阿波根動手。於是在某一天，尚眞王招阿波根入朝廷，請他坐下喝茶。此時埋伏的兩位童子持匕首而上。京阿波根雖手無寸鐵，然而憑著過人的武藝，仍「空手折破童子兩股（大腿）」逃出，但終究死在中山門。有祝女不忍京阿波根平白犧牲，便爲他收屍造墓，稱「京阿波根塚」。而京阿波

沖繩空手道會館

根抵抗時所使出的功夫，讓他被認爲是空手道前身，早期琉球武術「手（てぃ）」的佼佼者。

八重山之役起因

赤蜂之亂爲何會發生呢？明顯爲王府抬轎，強調忠奸對立的陳腐之言當然是看看就好。《球陽》中有段描述爲在赤蜂之亂前十幾年，恩納親方安治奉命前往八重山，在當地推廣農業、制定法令、同時改整習俗，禁止當地原有的祭祀活動。因此，後世出現恩納親方作爲惹怒當地人民，害得八重山地區造反一說。可同時在「尙『貞』王」年間，出現同樣是恩納親方到達當地推動相同事宜的紀錄，且對照八重山地區的資料對照，幾乎篤定是在「尙貞王」年間的說法才是對的，尙貞王時期的紀錄應屬單純失誤，因此此說也不攻自破。

高良倉吉教授則認爲，造成赤蜂之亂的原因，癥結點應該在徵稅制度上頭。確實，在《球陽》的紀錄中，可以看到開戰的原因，是赤蜂斷絕進貢一事而起。可話說回來，如果所謂的「進貢」一事是強制性質的，那又跟徵稅有什麼兩樣。例如琉球向明朝進貢，可是明朝並不會因爲因爲琉球或其他藩國稍微停貢，就馬上派兵追殺，甚至琉球想要求更頻繁朝貢時還被拒絕。或許在進貢規範上，王府愈趨強硬的態度引發不滿，才造成離島勢力分裂，因而出現了挺官方派的仲宗根豐見親，還有反對派的赤蜂等人。

再來的疑點，還有「遠彌計赤蜂保武川（オヤケアカハチホンガワラ）」這個人本身。官史紀錄他是八重山地區的叛軍首領。可是在八重山群島的許多記載中，都指向這個名字可能並非一人。各種排列組合如「アカハチ與ホンガワラ」、「オヤケアカハチ與ホンガワラ」、「オヤケアカハツ與ホンガワラ」等等，說明這個名字極有可能是雙人組合，但為何在官方史料中變成赤蜂一人，就不得而知了。

而無論琉球王國本位的官史，是如何將反抗者斥為叛徒，歌頌征伐行為乃是忠義之舉，往後的八重山其實並不好過。由於王府強制課徵人頭稅，且八重山地區生產力不如本島，加上天高皇帝遠，地方官貪汙情形甚為普遍，因此讓當地人民陷入窮困之中。

除了宮古島有「人頭稅石」記錄這段悲慘遭遇外，在與那國島的「久部良割」甚至有個傳說：因為人們實在無力負擔人頭稅，所以會召集孕婦們來到久部良割。此地是一個長十五公尺，寬約三公尺，深七公尺的裂縫。孕婦們被要求得跳躍過此處，跳不過的當然就是墜落而亡。而即使幸運逃過一劫，劇烈運動也常讓孕婦們受傷、流產。這一切都是因為當地繳不起琉球王府要求的人頭稅，只好以此極端的方式調節人口。今日的久部良割，仍留下了解說牌記述了這段殘酷往事。

尚眞王與傳說

站在王府的角度，尚眞王對內統治有方，制定不少鞏固琉球基業的政策，且留下許多建設，對外征服離島也頗有斬獲，是讓琉球達到盛世的一代名君。而正如許多前人一樣，尚眞王和他身邊的人，在記載中也少不了帶有傳說成分的故事描繪。

傳說尚圓王得子尚眞後，占卜師告訴他：「請您在吉月吉日時出城向南而過，當你碰到的第一個人，無論貴賤，都讓他擔任兒子的養父，如此必然萬壽無疆，千福無窮。」

尚圓王聽從占卜師的話，命令近臣抱著兒子，往南走去。途經過島添之路時，碰到擔任低階職「赤頭」的阿擢華。尚圓王將阿擢華任命爲養父，阿擢華認爲自己出身低賤想辭退，但王命又難以拒絕，因此接下養父一職，並非常照顧尚眞。

尚眞即位爲王後，阿擢華也慢慢升上戴紫巾的大官。隨著時間過去，阿擢華染上重病，便希望尚眞王將他與父母一起葬在老家，尚眞王答應他的請求。阿擢華過世的時候，不巧碰上識名橋被大雨沖毀，動物不能通過，尚眞王馬上下令趕工，花了兩天一夜便修好了橋。在阿擢華出葬之日，賜予御紋和御德盆，並下令：「往後祭祀一定要使用此盆。」尚眞王登高臺，見葬禮隊列痛哭失聲，葬龕於是在識名邑前暫停，隨後埋葬於那宇島。

尚眞身邊另一爲人所知的傳說，則屬他的妃子「銘刈子之女」。銘刈子是安謝安謝地區的一位農民，因爲貧窮未能娶妻。有一天他到河邊，看到一位美若天仙的女子在水中沐浴，於是他找到了女子的衣服並偷偷藏起來……是的，這又是一次「天女傳說」的變

組踊《銘苅子》 琉球郵票

體，除了天女生下來的人從察度王，換成了銘刈子這位王妃之外，其餘大同小異。而銘刈子版本的故事，往後被玉城朝薰改編成《銘刈子》，成爲琉球最早的組踊劇碼之一。

另外，尙眞王之後繼承王位的，並非長子尙維衡，而是五子尙清。官方史料中記載尙維衡因得罪尙眞王而被放逐，隱居在浦添，但並沒有寫得罪尙眞王的原因。不過有個版本的說法爲：尙眞寵妃華后爲了讓自己的兒子尙清獲得繼承權，便計畫陷害尙維衡。一天，她將蜂蜜塗在自己胸前招來蜜蜂，尙維衡見狀便上前替她驅趕，沒想到華后卻因此控訴尙維衡對她非禮，大怒的尙眞王於是罷黜尙維衡。

和其他故事相比，這描述至少沒有天女之類的奇幻情節，但卻和中國春秋時期，晉國的驪姬陷害申生的典故完全相同，可信度不攻自破。然而除了此類鄉野傳說之外，尙維衡究竟是如何得罪尙眞王的，也沒有其他記述了。尙維衡及其血脈甚至一度不被允許葬在玉陵，但這項規定在尙清王時代便沒有繼續再遵守。

黃金時代落幕

尙清在尙眞王過世後即位爲王。爲冊封尙清王，明朝派陳侃來到琉球，陳侃於是寫下了《使琉球錄》記述了當時的狀況。其中「諭祭文」一段，有著「祭品：牛一隻，豬一口，羊一羫，饅頭五分，粉湯五分……」的記載。

這段看似普通的物件紀錄，日後卻對沖繩產生了重大影響。如今被稱為「沖繩麵（沖縄そば）」的沖繩特色料理，卻因為麵體材料不是由蕎麥（そば）製成，曾被日本食糧廳要求更名。經過相關人士奔走斡旋，花了長達兩年多的時間，才總算保住了「沖縄そば」這個名字。這趟「正名」得以成功的關鍵之一，就在《使琉球錄》曾經記載過「粉湯」，證明沖繩自琉球時代就有自己的麵食文化，所以「沖縄そば」這個名字才能被視作地方特色料理名而保留。不過仍有許多人並不知道這段過往，中文圈也經常將沖縄そば翻譯成「沖繩蕎麥麵」或「沖繩拉麵」，然而如前文所述，沖繩麵本身並不是蕎麥麵，且當初就是不願接受改成拉麵（ラーメン）的提案，才會為此展開正名運動，因此兩個名稱都非常不適當。

話說回來尚清王。當他病重臨終之時，又爆發了一次即位爭議。當時尚清王招來三司官：新城親方安基、浦添親方景明、城間親方秀信三人，命令他們輔佐太子尚元，隨後去世。

結果國王一死，浦添景明與城間秀信改變心意，向大臣宣布：「尚元為人柔弱，不如推舉尚鑑心（尚清王四子）就任大位。」其他大臣害怕他們的權勢，不敢明目張膽反對。

只有新城安基知道後，憤怒地表示：「尚元可是正宮所生的，我聽說『立長紹世，天倫之大順，古今之常道』況且我們早已奉遺命，必須竭盡忠誠，保衛國家社稷，怎麼可以棄之不顧，廢立倫常呢？誰敢堅持反對王命者，我一定委身于刀鋒，見先王於九泉之下，然後我志可解矣！」結果，新城安基不惜拼命的態度，引來忠義之士的附和，浦添景明與城間秀信則不敢說話，尚元便順利即位。這件事多少反映了在第二尚氏王朝，國王的權力已經相當穩固，像當初金丸、尚眞王那樣的政變，已經難以再度複製了。

想要做掉尚元王的浦添景明與城間秀信，之後當然沒有被放過一馬，兩人之後分別被放逐到久米島和伊比屋。尚元王統治期間遇上大島（奄美大島）斷絕進貢，於是這位被嫌「為人柔弱」的尚元王，決定直接御駕親征，率領五十艘軍船一舉攻破大島的叛亂軍。但尚元王也在這時得了重病，三司官國頭親方正格便向天祈禱，希望他能代替尚元王而死。結果尚元王果然病癒，國頭正格則病亡，尚元王於是厚葬了他。

然而這次奄美大島的叛亂，背後原因卻不單純，騷亂的源頭種種指向位於日本九州，與琉球關係逐漸生變的薩摩島津勢力。好不容易打造出黃金時代的琉球王國，也即將因此遭遇一場巨大變動。

在尚元王統治期間，他派遣了鄭迵等人，進入明朝的國子監留學。那時恐怕誰也沒想到，這位來自久米村的漢人後代，就成為琉球王國下個轉捩點的代表見證者。

第五章

海外襲來的狂風：薩摩軍入侵琉球

觀光是沖繩最重要的經濟來源之一，因此許多歷史文化資產，現在都會盡可能去開發其觀光上的價值。二〇一八年，沖繩的觀光人次首次突破千萬大關，其中外國遊客約占三百萬人，日本遊客則占七百萬人。對高達七成的日本國內的群眾而言，沖繩的紅瓦建築、傳統服飾等風土民情，和日本內地截然不同，使得來到沖繩遊玩，頗有一種能夠享受「僞出國」，又不需要擔心語言隔閡等問題的去處。

沖繩縣內有幾座民俗主題園區，就是在這個背景下產生的。這些園區有點類似臺灣的「九族文化村」，但是少了金礦山、海盜船等遊樂設施，而將重點更擺在讓遊客沉浸於模擬古代琉球的空間中，讓人徘徊在古民宅間，欣賞民俗技藝等等。我第一次觀賞到沖繩的舞獅，就是在「沖繩世界文化王國・玉泉洞」裡頭的舞臺演出。和臺灣的舞獅相比，沖繩舞獅的造

沖繩世界文化王國・玉泉洞入口

型比較沒那麼華麗，然而融合三線、沖繩太鼓（エイサー，與日本太鼓表演不同）等在地風格，自成一套與臺灣截然不同的韻律感。現場就近的感受更為強烈。

除了較知名的沖繩世界文化王國和琉球村之外，這類景點還有一處，名為「體驗王國MURASAKI MURA」。故名思義，這是個又更強調體驗、DIY各種沖繩傳統技藝的地方，好比說自己挑戰沖繩太鼓、或繪製沖繩版的風獅爺（シーサー）等等。體驗王國MURASAKI MURA境內一樣是打造成琉球王國時代的風情，但不同的點在於，此園部分的建築與裝飾，其實正是當初大河劇《琉球之風》拍攝完後所遺留下的布景。

《琉球之風》播放於一九九三年，原著是臺裔歷史小說家陳舜臣的同名作品，內容背景發生在十七世紀左右，薩摩藩進攻琉球王國前後的時代。主要角色以虛構，帶有漢民族血統的琉球青年楊啓泰、楊啓山，以及琉球重臣謝名親方利山（鄭迵）為核心，從他們如何應對薩摩侵略行動來展開，是唯一一部描述琉球王國的NHK大河劇。

雖說這是一本小說作品，但陳舜臣做足了歷史資料上的搜整，且許多地方都能看出來，比起轉換成故事演出的形式，作者反倒選擇將那些史料直接照本宣科，變成有如「歷史小教室」一般的段落。因此在閱讀過程，不時會看到角色講了幾句話，後面則接上一大串某某儀式在當時是怎樣進行的，某某制度又是怎麼樣形成等等的說明。這些說明甚至也跟情節沒有太大關連，即使跳過也能順利讀懂故事，讓人難免有種看著小說風味的非虛構作品之感。這樣的風格的確是陳舜臣常有，或者部分歷史作品會出現的特徵，對於不瞭解當時歷史背景的讀者而言，倒能夠學習不少知識細節。然而即使電視劇已經刻意加戲，在故事分量比較稀薄的狀況下，仍撐不起整年週更的播映量，成爲目前唯一才播半年，就全篇完結的NHK大河劇（共二十三集）。

說到陳舜臣本人，他擁有臺灣、日本身分，曾經也持有中華人民共和國護照，和沖繩始終夾雜在大國之間周旋的複雜處境，有著異曲同工之妙。由他來描寫琉球王國在歷史上的重大轉折，本身就是一件頗有意思的事。只可惜《琉球之風》目前臺版翻譯本已絕版，想要拜讀大作，只能從圖書館或二手管道等方式找尋了。

紛亂的東亞

對琉球王國而言，受到薩摩藩的侵略，是歷史上一個重要的分水嶺。薩摩爲何要攻打琉球，則又有著日本、東北亞乃至於東亞眾多情勢交錯，複雜背景下的成因。

十六世紀，全世界進入小冰河期，各國受到資源缺乏影響，漸漸陷入動亂之中，東北亞自然也是如此。居於龍頭地位的中國明朝，明武宗任性貪玩，去世時年僅二十九歲。明世宗信道教信到走火入魔，寵信嚴嵩父子專權，自己還差點被宮女謀殺。明穆宗縱情聲色，結果弄壞身體，才三十五歲就駕崩。到了明神宗時代，前期重用張居正改革，本有一番中興之貌，但張居正死後，改革不但中止，張居正家中還被抄出大量金銀財寶，令神宗大失所望。此後神宗日漸怠政，萬曆年間從此和皇帝不上朝掛勾在一起。

另一方面在日本，從室町幕府建立之後，其實就沒幾天安穩日子。十五世紀爆發應仁之亂，權力結構更逐漸走向崩解一途。各地強人以下犯上，被稱爲「大名」的諸侯們相互征伐，幕府有名無實，開啓了混亂的「戰國時代」。最後，第十五代將軍足利義昭遭到織田信長放逐，室町幕府正式宣告滅亡。

東亞方面，則有自地理大發現後，前仆後繼來到亞洲的歐洲人。葡萄牙先是占領的馬六甲，隨後又在澳門設立據點。此舉大爲衝擊琉球的海上貿易，一五一一年，琉球派船隊到馬六甲，但在得知馬六甲已經受到葡萄牙的控制後，就停在新加坡附近觀望。

雖然葡萄牙釋出善意，讓琉球船隊最後還是進了馬六甲，但從此之後，琉球船隊便再也沒有前往馬六甲做過生意。葡萄牙人其實對此感到可惜，他們透過當地人得知琉球船隊「個性正直」、「較中國商人富有且具品味」、「絕不出賣自身同胞」、「不做長久停留，交易完即離去」等有別於一般商船隊的特殊性格，對與琉球人貿易是抱有著期待的。但也曉得琉球船隊不來的眞正原因，就是因爲對於這群金髮碧眼的洋人抱持警戒之故。本來馳騁於亞洲海上的琉球貿易船隊，就這樣逐漸衰弱下來。

同時，日中兩大國的混亂局面，直接的影響到海上治安。大量倭寇、私人艦隊陸續出現，讓琉球別說要做生意了，連防衛都不能掉以輕心，航海活動大受影響。好在尙眞王期間確立了國家組織，穩定生產力和稅制系統，才不致讓經濟斷源。然而，更大的威脅，此時才正在琉球境外逐漸醞釀著。

薩摩的野心

本來的琉球王國因爲東北亞的貿易，就和日本政府，特別是南九州的薩摩島津勢力保持著一定的聯繫。然而隨著動亂，這層關係也漸漸變質。

島津在一四四一年時，就因爲幫助幕府討伐謀反的大覺寺義昭有功，而獲幕府封賞琉球一地。一五一六年，三宅國秀號稱得到室町幕府的許可進攻琉球，但是企圖被島津察覺，先發制人擊敗了三宅國秀，並且向幕府報告「琉球早隸屬薩摩五代之久」。這兩件事情交疊下，前者作爲島津對日本國內宣稱擁有琉球統治權的依據，後者則作爲向琉球王國兜售人情的涵義在，說穿了，就是爲塑造薩摩統治琉球既定事實的印象，但都屬於片面之詞。

日本商船前往琉球時，必然通過島津勢力的領海。一四七一年，室町幕府曾授權薩摩，要他注意琉球與其他大名有無私通。島津便要求琉球王府，要是有日本商船未持有島津的印判，那琉球就便不可與對方進行貿易行爲。然而琉球並沒有完全聽從，因此產生摩擦。

一五六八年，來自宮古島的納貢船漂流至薩摩的加世田片浦地區，島津將人員送還琉球後，琉球也在隔年派人感謝島津。一五七〇年，島津再派僧侶雪岑爲使者回禮，並同時告知島津貴久引退家督，新任當主爲貴久的兒子島津義久，因此必須更換渡航的朱印狀。不久後，發生了奄美大島動亂與尙元王親征事件。

平亂成功的尚元王，在一五七二年逝世。琉球上下正為國王之死而忙亂之際，對島津的要求沒有徹底執行。一五七五年，琉球的使節船來到薩摩，卻遭到島津指責「讓沒有島津印判許可的船進入琉球」、「對雪岑的招待不周」等七項罪狀，琉球使者只得連忙賠罪，答應返國後加強檢討，並且依照雪岑的建議追加贈送黃金三枚。島津義久這才答應與使者會面，並且「寬大為懷」地免去了賠償追加品一事。

日本在一五八二年發生「本能寺之變」，本來已經掌握日本大部分領土，極有可能統一全境的織田信長遭到部下明智光秀殺害。織田的另一位手下羽柴秀吉收到消息，立刻和正在對峙的毛利軍談和，隨後如閃電般進軍，搶在其它織田家臣動作之前擊敗明智。以此為契機，秀吉在未來幾年內迅速取代織田勢力，成為日本新一代霸主，改名為「豐臣秀吉」。

當時秀吉的手下龜井茲矩，因與毛利講和有功，本來秀吉打算賞他出雲半國代一職，但對海外頗有野心的龜井，反而希望能當「琉球守」，於是秀吉便給他一只寫著「龜井琉球守殿」等字的扇子。不過後來秀吉改封其他領地給龜井，讓他統治琉球的夢想始終沒有實現，扇子也在後來的朝鮮戰役中，受到朝鮮將軍李舜臣的攻擊而被奪走。

豐臣秀吉在日後制伏島津等勢力，達成日本統一。島津此時稱受秀吉之命，要求琉球派人入貢。琉球收到的書信上有著：「秀吉的威光不是用區區紙筆可以形容的。朝鮮已經表示恭順之意，且聽說中國、南蠻（歐洲）也即將遣使。然而，琉球卻對此無動於衷，一點表示的意思也沒有。若再不及早派使者，將有損島津顏面，屆時就是不派幾艘軍艦便無法解決的事了。考量到薩摩與琉球的關係匪淺，請盡速下決定。」等內容，措辭十分強硬。隔年，琉球尚寧王剛即位，向秀吉派遣使者。這對琉球而言，只是禮貌性的外交應酬，但在秀吉眼中，卻被當成琉球確實臣服於日本之下。

秀吉的下個征伐目標，擺在攻打朝鮮李氏政權，甚至計畫侵略中國明朝。島津再派傳訊息給琉球，宣稱豐臣秀吉下令薩摩與琉球需合計出兵一萬五千人，然而琉球兵無實戰能力、不黯日本軍法之故，所以改以提供十個月分七千人的軍糧，以及名護屋城的建築費用代替。另外，琉球更不得對明朝通報日本侵略朝鮮一事。

豐臣下令琉球動員的命令或許為眞，然而改以高額的錢糧代替，則可能是來自單純屬於島津的要求。加上島津長期對其他大名宣稱琉球是自家領土，但也清楚琉球不可能眞的派援軍，所以只好換個條件，證明自己對琉球的掌控權。

而站在琉球國的立場，日本征伐朝鮮，勢必會驚動大明帝國，資助日方無異於與明朝為敵。但若是無視要求，又恐遭致日本方面的報復。在兩難之下，決定折衷給予要求量半數的糧草，其餘的部分則以財政困難為由拒絕。另外，琉球重臣鄭迵趁著進貢明朝的名義，將中國商人陳申送到中國，藉此暗中向明朝報告日本出兵的企圖。

謝名親方崛起

這位鄭迵（「迵」中文音同「動」）是久米村漢人「閩南三十六姓」的後代，父親鄭祿擔任琉球的通事（翻譯）。一五六五年，鄭迵以官費留學生的身分，被派到明朝國子監深造，歷經七年之後回到琉球，擔任通事、長史等職，又在一五七九年隨使節團赴明朝朝貢，功績逐步累積。據說他是一位身高六尺，皮膚黝黑的壯漢，為人個性剛直。

一五九二年，居住在首里西側的謝名一族發生叛亂，於是尚寧王派遣池城安頼、東風平比嘉盛續、摩文仁安恒等人討伐謝名。王府軍包圍謝名據點，將其圍個水洩不通，而謝名則堅守不出戰。池城安頼於是放射火箭，火光濃煙四起之下，謝名只好硬著頭皮出擊。混戰中，謝名軍大將遭王府軍擊殺，其餘殘黨寡不敵眾被俘虜。捷報傳出後尚寧王非常高興，賜給三位大將紫冠以示褒獎。

空出來的謝名一地，後來就被交給當時擔任久米村總役的鄭迵治理。隨著這項人事調度，鄭迵的和名也改稱為「謝名親方利山」。頗得尚寧王信任的鄭迵，與親日派的三司官城間親方盛久不和。在鄭迵的攻訐下，城間親方在一六〇五年被貶官。隔年，鄭迵成為三司官，成為第一位久米漢人之後擔任此大位的人物。三司官是琉球實權最大的官職，雖然是三人編制，但加上尚寧王對鄭迵極為信任，因此這時的鄭迵可說是權傾朝野。

江戶幕府與薩摩

日本這邊，豐臣秀吉在一五九八年去世，朝鮮征伐隨之中止。失去強力的領導人，日本各勢力間的矛盾日益激化，最終引發關原會戰，並由德川家康帶領的東軍獲勝作結。此後日本實權落入德川手上，德川家康在一六〇三年受封征夷大將軍，開創江戶幕府。家康有意修復遭到破壞的日中關係，重啓兩國外交、經貿往來，認爲琉球在這方面能派上用場，於是向琉球釋出善意。

一六〇二年，發生琉球船隻漂流至仙臺境內的意外。德川命令島津將這批難民送回，還下達每一個琉球人出事，就懲處五名島津家臣的嚴令。島津順利完成使命後，便催促琉球需派人向德川獻上聘禮，以示感謝之意。

但因爲過去的經驗，琉球認爲如果輕易遣使，又將會和豐臣進攻朝鮮那次一樣，被日方擅自認定琉球臣服日本。而同樣的，若斷然拒絕，日本近在咫尺的威脅也不容忽視，內部於是有了一番爭執。最後尚寧王採用鄭迵的建議，決定不向德川謝恩。一六〇五年又再發生琉球人漂流到平戶的事件，日方再度將人送還，並持續催促琉球應該謝恩，但琉球還是不爲所動。

自戰國時代以來，島津原先在九州戰場上頗有斬獲，差點要征服整個九州，但之後卻因爲豐臣秀吉介入，成果因此吐光大半。接著又參與朝鮮戰役、關原之戰等等。連年的征伐，忙半天卻沒得到什麼好處，使得財政上出現疲態，內部有許多不滿的聲音。對此，當主島津忠恆（家久）有意以砲口對外的方式緩解內部壓力，因此策畫進攻琉球底下的奄美大島，但因爲眾人意見分歧，在一六〇六年三月召開商討會議時，並沒有得到共識。

不過在同年六月，島津忠恆趁至伏見城拜見家康的時候，又提出進攻奄美大島一事，而家康也允許了。但島津並沒有立即出兵，原因是當時以夏子陽爲首的明朝冊封使團即將來到琉球，進行尙寧王的冊封儀式，自然不適合有大動作。

一五八九年就即位的尙寧王，其實早就向明朝要求冊封，但當時受到海域治安惡化影響，使節團遲遲沒有出航，甚至原先的使者洪瞻祖還未啓程便已身故，才改由夏子陽作接替。

趁著向明朝派遣謝恩使的機會，琉球向明朝提案，希望能開放中國商船來琉球經商。如果明朝肯接受，那麼藉由琉球當轉運口，日本就能與中國進行合法貿易，如此不僅對德川的期望好交代，對琉球經濟也是有益的事。但因爲明朝官方對海外事務一向保守，且才剛被日本攻擊，警戒心態更爲強烈，因此並沒有同意此要求。

琉球對於日明的斡旋始終沒有具體成果，又遲遲不肯回應日方的謝恩要求，島津於是再度向德川要求出兵許可。家康表示，若再向琉球通知最後一次仍無回應的話，就允許島津動兵。一六〇九年二月，島津對尙寧王發出最後通牒，聲明要是沒辦法恢復日明貿易就一定開戰。因爲此項要求等同於不可能達成，征伐琉球於是幾成定局。

慶長琉球之役

島津命樺山久高擔任主將，率領三千人的部隊，於一六〇九三月四日從九州出航。鄭迵雖在各地部屬兵力迎敵，但琉球軍缺乏實戰經驗，而島津軍身經百戰，雙方交手有如以卵擊石。島津軍在三月八日攻下奄美大島，三月底自運天港登陸沖繩本島。水陸並進之下，島津軍四月一號就殺到首里城下，琉球軍即使抵抗，也毫無招架之力。尙寧王見大勢已去，於四月五號開城投降，與樺山久高在崇元寺會面，此時立場已形同敗戰俘虜。

島津軍駐留首里約一個月後，將尙寧王及琉球朝廷各臣子隨從等，一共百餘人虜回日本。國王被帶離琉球此事前所未有，那霸港因此聚集了許多淚送尙寧王一行的群眾，許多人更憂心琉球就此亡國。琉球俘虜抵達日本後，鄭迵曾透過長崎的商人，向明朝發密函求援，但是信件遭到琉球使者攔截而敗露泡湯。

尙寧王先是與島津的人碰面，隔年前往駿府（今靜岡縣），會見當時提早從幕府將軍一職退位，但依舊掌握實權的德川家康。家康並不將尙寧王視為俘虜，而是以君王之禮款待尙寧王。此次會面完後，尙寧王又再到江戶，與現任的征夷大將軍，家康之子德川秀忠見面，秀忠亦相當禮遇尙寧王。途中還發生尙寧王的弟弟尙宏病倒且去世的意外，德川因此命令厚葬尙宏。

德川雖然允許島津出兵，然而他們不希望島津就此完全統治琉球，增強自身的實力，加上仍有利用琉球周旋中日兩國的打算，所以在德川方的授意下，琉球王國避免被滅亡的命運而得以維持。但琉球仍正式成爲薩摩的附庸國，規定每年需上繳米九千石、芭蕉布三千反（一反約等於一位成人衣物所需布料）、琉球上布六千反、下布三千反等貢物。此外，需割讓奄美大島、喜界島、德之島、沖永良島、與論島等北方的島嶼給薩摩藩。

島津也要求尙寧王與琉球眾臣，必須簽下效忠島津的誓約書，以及承認島津控管琉球權力的

「掟十五條」。誓約書的內容爲：「琉球自古便是薩摩的附庸國，但在太閤秀吉的時代，卻犯下不守義務的滔天大罪。琉球爲此一度遭滅，但因爲島津家久的開恩下，獲得了諸島以南的領土。此恩今後至子子孫孫都不可忘記」。而「掟十五條」則是以下十五點：

一・沒有薩摩命令，禁止向中國朝貢。
二・不可授予無官職者領地。
三・不可授予女性領地。
四・禁止奴隸。
五・不可廣設寺院。
六・禁止沒有得到薩摩授權的商人行商。
七・不可買賣琉球人送到日本。
八・年貢與其他公物，需按薩摩奉行的規定繳納。
九・不得在不通過三司官審議下擅自任命其他人。
十・禁止強制買賣的行爲。
十一・嚴禁爭吵滋事。
十二・若有對稅收等有異議，遇上困難需要申訴的居民百姓，須向薩摩請示。
十三・禁止琉球向其他藩屬派遣貿易船。

十四・禁止使用日本以外的度量衡。

十五・禁止賭博等非人道行爲。

這十五條規則嚴格介入琉球的任命、外貿、司法等權力。迫於情勢之下，尙寧王等人只得乖乖簽字，唯獨鄭迵不願順從。薩摩當然不容忍，於是在一六一一年九月，鄭迵遭處刑而死。

尙寧王在日本滯留約兩年後，於一六一二年被放回琉球。遭遇如此變故的尙寧王，於一六二〇年鬱鬱而終。據說，尙寧王死前認爲自己失德，導致國家遭到薩摩入侵，因此沒有顏面和先王們葬在玉陵，要大家把他葬到故鄉浦添。於是尙寧王成爲繼被神女宣判失格的尙宣威王之後，唯二沒有葬在玉陵的第二尙氏王朝國王。

爾後，薩摩在琉球設置「在番奉行」，作爲管轄琉球的據點。此時，琉球與中國的關係尙未斷絕，依舊接受中國王朝的冊封，但同時權力被鎊在日本手上。每逢琉球新王即位，以及幕府將軍換代之時，得向日本分別派出「謝恩使」和「慶賀使」，此行俗稱「上江戶」。琉球就這麼成爲了同時從屬兩個國家的微妙關係，也是往後遭到日本呑併的一大遠因。

「邪名」獲得平反

在《琉球之風》的故事裡頭，鄭迵的戲分並不亞於主角二人。爲了抗擊日本，鄭迵出謀劃策，向明朝求援、暗中攪動薩摩對立、借助海盜勢力等等，有著許多具體行動，主角二人起先亦是在他的指示下展開旅程。只可惜這些計畫，最後都撞上「歷史之壁」遭到無情破滅。陳舜臣還描寫薩摩軍登陸沖繩本島的戰役中，和琉球軍的戰鬥中幾乎沒有什麼損失，反而是薩摩軍不黯地形，發生摔落意外的傷亡人數還比較多一些，顯現出琉球軍隊不堪一擊，只有少數空手道高手能夠一戰，因此有再多的策略都是枉然。

即使孤臣無力可回天，陳舜臣筆下的鄭迵仍願意抗戰到最後一刻，讓他寧死不屈的忠臣形象更為鮮明。不過因為受到薩摩統治影響，鄭迵在琉球官史中，被斥為權臣「邪名（與「謝名」發音相近）」，認為他是造成琉球遭到攻伐的罪魁禍首。與鄭迵同期，仕宦於琉球王府的日本茶人喜安蕃元，也在《喜安日記》指控鄭迵為孽臣，將戰亂根源全歸咎於他。

然而在民間傳說中，鄭迵卻又有著剛直堅毅的形象。傳說他本人精通空手道，因此有著在遭到薩摩處刑之前，曾經在眾人面前舞過一段拳法後才受株的傳聞。也有一說稱他以過人武功，在刑場擊退許多薩摩士兵，薩摩軍最後靠著人數優勢，才總算將他制伏。

另有一個說法是：當鄭迵被薩摩處死，丟進油鍋烹煮時，他的「三魂」在鍋中成巴字形。琉球王國感念其忠義，便將這個「三巴紋」作為旗幟使用，也就是今日的「琉球旗」、「巴旗」。不過此說不僅和薩摩支配琉球後，琉球官方將鄭迵打為誤國之臣的立場相衝突，且三巴紋本身早已廣泛作為日本八幡神等旗幟，而與三巴紋外觀相似的「左御紋」，則在第一尚氏王朝時期的尚德王便已出現，年代明顯不符。

細究鄭迵的作爲，或許確實在某些對應上處理的不夠圓融，但終歸都是爲了保護琉球主權而行，因此後代也多半肯定他的行爲。事實上在差不多同一時期，德川家康曾要求臺灣得向日本納貢，在命令遭到無視後，便派了村山等安等人攻臺。結果船隊碰到颱風，少數登陸的部隊又敗給原住民，此事便沒有後續，但也可見幕府及日本各大名早有對外用兵的盤算，因此琉球想要避免戰事，實際上難如登天。失敗的根本問題還是自身國防條件不足，無法阻止日本及薩摩的野心。後世爲感念鄭迵的忠義，如今波上宮一帶的旭丘公園，豎立著鄭迵謝名親方利山的顯彰碑。

鄭迵謝名親方利山顯彰碑

從表面上的兵力來看，琉球和薩摩的侵略軍數量差距不大，可是薩摩的軍隊包含七百挺鐵砲。薩摩島津是日本最早接觸鐵砲，並且將之應用在實戰的日本大名之一。島津在戰國時代之所以能差點統一九州，精悍的鐵砲部隊是重要後盾，直到遇上幾乎統一日本全境的豐臣秀吉才碰釘子。反觀琉球本身，幾乎沒有將鐵砲投入大規模作戰的經驗，戰爭科技有著顯著差距。縱使寄望明朝能出面制衡，但當時的明朝早已每況愈下，光是倭寇問題就已經焦頭爛額，朝鮮戰役雖然擊退日軍，可對本國也造成一定損耗，更別說出海協防琉球了。

不過琉球軍的表現再差，但確實是有做出軍事防禦的。今日沖繩有一個謬說：認爲琉球自古以來就是「不動武的和平國家」，如把尚眞王時代收繳武器的命令，解釋成是爲了和平的作爲（實際上是將武力往中央聚集）。而描述薩摩侵略時，則講成是尚寧王被兵臨城下仍堅決不戰，避免流血才開城投降。此說甚至還流傳到國外，如十九世紀美國和平運動，曾有筆名「リリアン・チン」的人士自稱是琉球人，把琉球塑造成「平和鄉」，並以此批判當時好戰的主流社會。沖繩在二戰後強調反戰和平的氛圍下，這種說法也被某些政治傾向加以利用，然而純屬無稽之談。

智者毛偉親方

即使國家之名保住，但在薩摩的控制下，琉球一舉一動都得看島津臉色，還不時得應付官差的蠻橫要求。此時便誕生了一則「琉球版一休和尚」：毛偉親方的故事，反映出當時琉球聽命於人的苦悶。

故事內容爲：某次，一向貪婪貢物的薩摩，這回命令琉球必須獻上「公雞的蛋、以灰編制的繩子、景色優美的山」三項東西。面對如此荒謬的要求，讓首里王府相當困擾。最後首里派出了琉球使者的兒子，以聰明才智聞名的「モーイ」擔任使者，到薩摩回應此事。

薩摩方看到來人不是平常的使者而是モーイ，便質問：「來的爲何不是你的父親？」モーイ則回答：「父親因爲忙著生育，無法前來。」薩摩方喝斥：「別開玩笑了，男人怎麼可能有辦法生育？」モーイ便回答：「誠如大人所言，因此公雞也是生不了蛋的。」

發現被反將一軍的薩摩方，又咄咄逼人道：「那麼，用灰編制的繩子在哪呢？」只見モーイ拿出由稻草編成的繩子，當場點火，燒掉的稻草捲曲成如蛇一般盤旋的樣子，這就算完成了「灰之繩」。

順利過關兩道難題，薩摩方便再說：「那麼要求的山呢？」モーイ則說：「在首里有個長滿松林，美不勝收的『虎頭山』，我們想獻上此山。但可惜的是，琉球向來貧困，因此沒有能鏟起此山的鋤頭，更沒有能載得動山的大船。」

薩摩方逼問著：「但是收繳期限就快到了，你們打算怎麼處理？」

モーイ回答：「請多給我們一點時間，等我們向明國請求支援後，便會開始動工。」

「豈有此理！你們膽敢無視薩摩宗主國，擅自向明朝求助？這絕不允許！」

「那麼，就請薩摩出借大鋤頭和大船吧。只要工具得手，一定立刻將虎頭山獻給大人。」

薩摩當然拿不出足以移山的鋤頭和船艦。就這樣，憑著モーイ的智慧，琉球成功擺平薩摩的刁難。モーイ長大後在琉球王國仕官，被稱爲「毛偉親方」。此類民話的可信度不得而知，但即使是捏造的，也起碼反映出當代人們的想法。同樣有上下關係，但琉球對中國就幾乎沒有類似的笑談，可見得兩國對待琉球的態度差異。

朝貢貿易觸礁

日本覬覦琉球，其中一個重大考量，就是認爲琉球可被作爲對明的窗口。在島津攻陷琉球隔年，便派池城安賴等人赴明講和。池城安賴歸來後，傳達明朝的答覆：「若是將被俘虜的尙寧王釋放，那麼朝貢貿易可照常進行。」不過對於日本和明朝間的關係修復沒有進展。

爲了能恢復日本與明朝的貿易，江戶幕府提出三個方案，一是允諾日本商船可以直接到明朝經商，二是每年雙方商船都到琉球進行貿易，三是雙方政府交換文書，證明彼此與對方沒有敵意。

尙寧王在被放回琉球後，派了使者前往明朝，向明朝報告此三案。可是明朝早收到琉球被薩摩攻占，支配權落入島津之手的消息，因此相當提防。不只是沒有答應這三案，還表示：「琉球受到薩摩侵略，經濟疲乏，在國力完全恢復之前，將往例的兩年一貢，改爲十年一貢。」這裡國力恢復自然只是說詞，目的還是在防堵日本，而已經遭到控制的琉球當然也算在其中。但對琉球而言，這不僅未能達成日本方面的要求，還斷了本來有的朝貢貿易。

後來德川家康去世，江戶幕府改走禁教、鎖國政策路線，對中國的交流需求也隨之大減。倒是薩摩利用琉球為仲介，得以和東南亞等海外地區間接進行貿易活動。

只不過禁教一事也影響到琉球，一六二四年，西班牙道明會的神父Juan de los Angeles Rueda漂流到石垣島，被曾經擔任宮良頭職的石垣永將收留。石垣送給這些外國人十頭牛，並且接受他們傳教，但之後被察覺。因為觸犯了禁教的命令。石垣永將因此遭到流放，之後又被處以火刑，弟弟永定也造處死，Rueda神父則是流放至粟國島後遭到殺害。此事被稱為「八重山吉利支丹事件（「吉利支丹」即指天主教徒）」。此事確立琉球也嚴格執行禁教令。往後琉球在各處設置了「火番盛（烽火臺）」，以便發現不明船隻時能快速通報。

沖繩產業之父

尚寧王一行被俘至日本，絕對是趟難堪的旅程。不過這段旅程中也並非毫無收穫。在被帶去的大臣中，有一位名為儀間真常的人。他趁著在薩摩期間，實地調查了當地的棉產業。等到歸國之際，他將綿的種子帶回故鄉垣花地方進行栽培，引進綿布的編織技術，改變琉球原先以麻、芭蕉為主的紡織工業。

儀間真常此舉並非偶然。在琉球史留名的政治家中，他是極少數以實業發展掙得名號的人物。一六〇五年，當時的野國總管自中國引入蕃薯，並嘗試在琉球栽培。儀間聽聞此事後，立刻跑去向野國總管請教。過了幾年，他成功掌握了蕃薯的種植方式。有一年琉球五穀作物歉收，發生飢荒，儀間於是用蕃薯賑災，於是蕃薯在琉球廣爲散布，成爲主要食糧之一。

此外，爲了提升琉球的製糖技術，儀間眞常還特地派人到福建學習，並習得了在《天工開物》記載，被稱爲「二轉子三鍋法」的製糖技術。此技法爲運用牛力的砂糖車，反覆將甘蔗榨成汁液，加入石灰去除雜質後以足夠火力熬煮而成。儀間親自在家中實驗成功後，將此技法推廣出去，使得琉球製糖業界有了飛躍性的進展。

儀間眞常的功績讓他受封紫冠，往後琉球設置砂糖奉行，砂糖從此是政府重要的經濟來源，甘蔗與薑黃也成爲向薩摩還清債務的主力產業。到近代，儀間眞常被盛讚爲「沖繩產業之父」，並被伊波普猷列舉爲「琉球五偉人」之一。

而儀間眞常的作爲並不只有改變琉球而

野國總管像

已，番薯傳入琉球後，又經由琉球傳入薩摩。一七三二年，日本發生「享保大飢荒」，當時的幕府將軍德川吉宗便在之後開始獎勵穀物類以外的糧食作物種植，番薯因此在日本國內擴散。由於在日本的認知中，番薯乃是從薩摩「サツマ」而來的作物，因此也將番薯稱爲「サツマ芋」，殊不知琉球更是早薩摩一步。但也代表儀間眞常推廣番薯的行爲，最後居然也影響了日本糧食界。

如今糖和蕃薯，都成爲了沖繩代表性的特產。抵達那霸機場，不時能看到知名點心商家「御菓子御殿」的主力商品「紅蕃薯塔」廣告，各種紅蕃薯相關的甜品也是琳瑯滿目。而沖繩黑糖的知名度更不用說，所有甜食加了黑糖製作，給人的觀感立刻不同。現在臺灣甚至直接當作代稱，如有的店家會特別販售「沖繩奶茶」，其實就是黑糖奶茶。

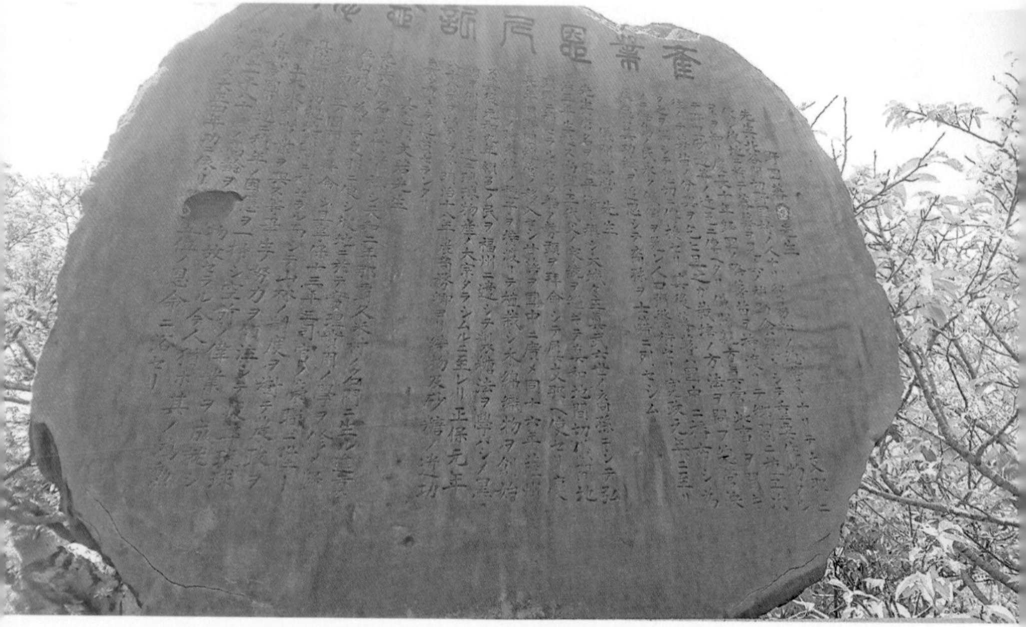

表彰野國總管、儀間真常與蔡溫的石碑（世持神社）

雖說當初種植的蕃薯品種，以及製作上的差異，味道和今日肯定不一樣，不過仍不可否認其項目上的創始成就。當初挖掘出蕃薯的野國總管死後受到供奉，今日的道之驛站嘉手納也有設立野國總管像，並販售特有的「野國芋」口味的冰淇淋。在那霸的奧武山公園內，也有一座「世持神社」。「世持」的意思為「帶給世間富足和平」，因此供奉了野國總管、儀間眞常和蔡溫這三位對於琉球產業有重大貢獻之人。

朝鮮的陶工匠

儀間眞常的案例，反映出琉球與東北亞各國彼此間的關係，其實也帶動了文化上的交流。另外一項代表的事例，就是琉球的陶器工藝。

日本在攻打朝鮮期間，順便擄走大量人力回國，其中就包括擁有製陶技術的陶工匠。總計薩摩軍在戰爭中，帶走了約八十名陶工回到日本。後來琉球王國受薩摩支配，尙寧王一行歸國之際，佐敷王子（日後的尙豐王）希望薩摩能夠分一些朝鮮陶匠到琉球。於是，薩摩選了一六、一官、三官三位陶工。這三人在一六一六年渡海來琉。

當時琉球的工藝以瓦為主，至今在沖繩許多建築物上，紅瓦都是一大特色。然而，瓦沒辦法做成像是壺或甕之類的容器，而缺乏陶藝技術之下，這些容器大多得仰賴進口。曾有外國人到了琉球，發現貴族雖然擁有從中國得來的名貴陶器，但一般民眾卻只能使用品質粗劣，沒用幾次就會損壞的土器。

三位朝鮮陶工來到琉球之後，被派到了瓦工聚集地「湧田村」（今日那霸泉崎），將陶工藝的技術傳給琉球在地的工匠。三位陶工中的一官和三官，後來都回到薩摩，只剩下一六仍在琉球活動。不僅如此，一六還取了漢名「張獻功」與和名「仲地麗伸」，且在琉球娶妻生子。多虧了張獻功，琉球陶器「やちむん」技術得以成長。

張獻功身故後，尚豐王不僅特別弔念他，還爲他建了墓。國王爲臣下建墓一事，在琉球可是極爲罕見的案例，可見得王府對他的重視。據說張獻功本人曾要求墳墓必須面向長虹堤，但是不可設置小牆，理由是「若是設置了牆，那麼在尚豐王通過長虹堤時，就看不到國王人了。」，透露出他與王府的深厚交情，讓尚豐王大爲感動。

可惜的是，現在並沒有留下任何應該是出自張獻功之手的作品，因此推測他當時應該不是以燒製大型華麗的無釉陶器爲主。不過張獻功之墓至今仍置於那霸一角，而湧田窯之後與寶口窯、知花窯等合併，搬移到當時牧志村的南側，也就是現今壺屋一帶發展。

今日的壺屋延續過往，仍是沖繩的陶瓷重鎮，並發展成沖繩版陶瓷街「壺屋やちむん通」。和鶯歌的陶瓷老街相比，壺屋的環境顯得比較清幽，各店家帶有沖繩風格的陶器作品是一項賣點。起點處附近有一座巨大的風獅爺像，以及規模不算大的陶瓷博物館。相對於隔沒多遠就是熱鬧的國際大街，這裡更像是個讓人能沉靜下來，一邊漫步觀摩，一邊細嚼慢嚥的地方。

在此也介紹一下沖繩的「風獅爺」文化。一六八九年，東風平郡富盛村屢次發生火災，許多房屋被燒毀。由於居民不堪其擾，於是向久米村的蔡應瑞求助，希望他能改善風水。蔡應瑞認為，問題出在當地的八重瀨嶽是「火山」，便提議建造獅子像以鎮災光。村民照做之後，火災頻發的狀況果然消失。

這尊獅子像被稱為「富盛のシーサー（「シーサー」為沖繩對「風獅爺」的稱呼）」，被認為是琉球紀錄上最早的獅子像，至今仍然存在，且身上還能看到沖繩戰時留下的彈痕。現在許多沖繩建築外頭，都能看到成對的風獅爺。右側開口者為公，能夠驅除邪物；左側閉口者為母，能夠招來

壺屋的風獅爺像

福氣。除了傳統的鎮煞功能之外，現在更是最能代表沖繩的吉祥物。

太鼓與唸佛

國際大街是人潮的聚集地，因此小至每週的街頭表演，大至年度活動的舉辦，場地經常都是選在國際大街上。其中一項我特別喜歡，會極力推薦身邊親朋好友有機會絕不能錯過的，就是「萬人沖繩太鼓大隊」。

沖繩太鼓（エイサー）和日本的太鼓在中文裡看起來類似，但其實是完全不同的表演形式。沖繩太鼓除了配樂與敲打鼓聲以外，演出者更是會群體邊打邊跳，因此可以說是一種音樂舞蹈，越是高端的演出，越重視整體的走位配合，給予觀客視覺、聽覺上的雙重饗宴。

我本身非常喜歡太鼓表演，透過鼓聲和舞

國際大街店家門前的風獅爺

步，每次觀賞都能打從心裡感到振奮，重拾正面情緒。而沖繩人也是如此，沖繩大大小小的沖繩太鼓團極多，從專業的表演團體到同樂性質的社團都有，沖繩太鼓表演更是各種場合都能演出的百搭娛樂，從他們的地方祭典、或典禮宴席的中場表演，乃至於日本棒球國家隊到沖繩打熱身賽的賽前演出，都能夠看到沖繩太鼓。

「萬人沖繩太鼓大隊」就是一口氣聚集了全沖繩、日本甚至海外的沖繩太鼓團體，讓他們在街上列好隊伍依序演出的活動。在擠滿人潮的國際大街上，可以欣賞動作幹練精彩的業界名團，也能看到混有小孩與年長者，不分年歲充滿活力，意在同樂的社團演出，兩種截然不同的風格，各有其觸動人心之處。

不過，作爲最能表現出沖繩熱情的藝能活動之一，沖繩太鼓的起源，其實卻和佛法傳道有關。這也是椿日琉互動的案例，當事者是一位名爲「袋中良定」的高僧。袋中出身於日本的陸奧國（今福島縣），小名德壽丸。據說袋中母親在向能滿寺的虛空藏菩薩祈願後，感到身子有孕。生出孩子的當下，發現嬰兒右手緊握著什麼不放，經過三十七天後才打開，只見嬰兒手裡拿著的，是一尊虛空藏菩薩的像。

德壽丸自小悟性極高，五歲就能記得千字，六歲能誦六經，七歲眼裡發出光芒。父母發現德壽丸異於凡人，於是將他送到能滿寺學佛。在住持的指導下，德壽丸很快讀通了淨土宗的「三經一論」，於是在十四歲時正式剃髮出家，取名爲袋中良定。袋中之名取材自《史記》，「戰國四大公子」平原君曾對毛遂說過的：「賢者在世就有如袋中之錐一般，其鋒芒必然會被看見。」之意涵。

袋中二十九歲時回到故鄉的成德寺擔任住持。然而他的夢想卻不僅止於日本，甚至打算遠赴中國傳道。但當時剛好碰到豐臣秀吉征伐朝鮮，中日關係惡化，因此沒辦法說去就去。於是在一六〇三年，袋中選擇先到琉球等待機會，同時也在琉球民間展開傳教活動。

當時佛教已經傳入琉球，不過主要是在貴族間流行，一般民眾主要還是以在地土著信仰爲主。此時袋中希望能讓佛教在民間擴散，除了以「只要常唸阿彌陀佛就能獲得救贖」之類簡單的方式詮釋佛法之外，他也觀察到，琉球許多勞動者會一邊吆喝「エィサ」一邊工作，這給了他傳教的靈感，馬上創作了「繼子念佛」與「親之御菩提」兩首作品，用又唱又跳的「念佛舞」傳教。而「エィサ」經年累月後，就成了現今沖繩的「エイサー」了。

除了傳教之外，袋中也寫了《琉球神道

在國際大街舉辦的「萬人太鼓大隊」

記》、《琉球往来》兩本記述當時琉球宗教與社會的書，其中一本就是前文所述，提及「爲朝傳說」的著作。不過雖然袋中在琉球布教有成，但到中國傳教的願望始終還是未能實現，於是在三年後返回日本。時任京都所司代的板倉勝重頗爲敬重袋中，便邀請他擔任京都檀王法林寺的住持。往後琉球兵敗，尙寧王一行被押往日本，行經京都之際，尙寧王還特別去探望了袋中，並親手畫了一幅「袋中上人像」送他，證明袋中在琉球上層間，也是頗具名號的一位人物。

比較可惜的是，袋中當時在琉球傳教的據點桂林寺，現在已經不在了，不過後來壇王法林寺的住持在一九三七年於那霸建立「袋中寺」。袋中寺雖在沖繩戰中一度被破壞殆盡，但沖繩回歸日本後又再度重建。此外，那霸松山公園內，也找得到袋中上人的紀念碑。

袋中寺

薩摩入侵琉球，可謂是襲來一陣狂風暴雨。可也因爲這樣的新局面，使得日本與琉球相互往來，影響之事，比起過往更爲頻繁地發生。而躲過完全滅國命運的琉球，得以持續發展屬於自己的「琉球文化」，許多具代表性的琉球技術、藝能等，也逐漸在此後開始萌芽。一股嶄新的「琉球之風」，此時正要開始吹拂。

第六章　戰後的重建步伐：羽地朝秀的改革

二〇二一年二月，位於那霸市的「至聖廟」（孔子廟），因為免繳地租而遭到日本最高法院判定違憲。此案的爭議點在二〇一四年簽合約時，市政府認為至聖廟是「體驗學習設施」，有歷史、文化學習和觀光上的價值，將其視為具公益性的建築，於是沒有收取每個月近五十萬日幣的租金。然而日本憲法有著「政教分離」的原則，要求政府不可以援助特定宗教，但至聖廟被認為是「儒教」的設施，因此有民眾認為市政府不應該提供免租金的優惠，所以才會爆發爭端。經過多年的官司，最後由那霸市全面敗訴，廟方必須支付相應租金作結。

「儒」在現代被質疑算不算一種宗教，早已不是新鮮事了，而管理至聖廟的「久米至聖會」，至今確實還保留著在重要節日參拜、祭孔的習慣，成為日本最高法院裁決的因素之一。

臺灣人想到孔廟，第一個想到的八成會是

那霸至聖廟

臺南孔廟。但那霸至聖廟的狀況，是無法用臺南孔廟帶入設想的。首先，現在的至聖廟規模不大，不如臺南孔廟有著完整的園地和設施，有發展觀光機能的充足條件。甚至要比喻的話，至聖廟的大小，恐怕只和許多臺灣的土地公廟差不了多少。現今至聖廟門一走進去就是大成殿，中央供奉著孔子像與「萬世師表」匾額，兩旁則有「有教無類」與「聖協時中」兩塊匾額，及顏淵、曾子、子思和孟子的牌位，園區內另有從孔子故鄉山東省曲阜移植「楷樹」種植。雖看得出來相關單位有在用心，但就此檢視那霸市提出的說詞，象徵的紀念性或許有，學習方面可能還有餘地商量，

從孔子故鄉移植的楷樹

可整體亮點不多，要吸引觀光恐怕是很困難的。

再來，至聖廟雖然和臺南孔廟一樣，是過往主要的教育據點，且也都是在十七世紀中後段完成的，然而現在的至聖廟與首里城情況類似，都是經過重建的產物，差別在於至聖廟連位置都有所更動。現今的至聖廟座落於「福州園」一旁，但本來設置在那霸市最寬敞的主幹道「國道五十八號」一帶，距離單軌列車縣廳前站徒步五分鐘內可達之處。可是和許多沖繩文物建築一樣，原本的至聖廟在沖繩戰中全毀，因此先在波上宮旁邊重建過一次，接著才搬到現在的地址。至於原址則因爲一旁道路設置的關係，就地重建的可能微乎其微，只剩有標示「明輪堂跡」和「孔子廟跡」的石碑，並有一尊孔子雕像作爲地標。因此至聖廟雖然歷史可追溯至琉球王國，但無法被列爲古蹟。至於雕像其實來自臺灣，是在一九七五年，由臺北市政府贈送給沖繩的。

追根究底，關鍵還是在於無論怎麼辯解，至聖廟方仍然難以洗清和宗教類似的疑慮，就像許多質疑「儒」是宗教的聲音一樣。我個人對儒學研究不深，無意在這點多做爭辯，但如果談起琉球歷史的脈絡，儒家思想之所以會被大舉引進，其實一部分正是出在對抗舊有宗教的背景下。

本書在前文多次提及信仰對琉球有多重要，好比國王繼承權會被宗教顛覆，打仗會帶神職人員，即使設立「聞得大君」把宗教納入政治體系之中，反映的也是無法一次強制解決，而是得用這樣的方式取巧。不過，就在國家遭逢巨變，爲了重建而展開新的秩序之際，琉球宗教改革，想以「儒」及其他思想來取代既有宗教的時刻也將到來。

中國改朝換代

十七世紀，在日本、琉球接連發生巨變之後，接著連龍頭中國都出大事。維持近三百年的大明王朝苦於民變，到了一六四四年，闖王李自成的大順軍攻下首府北京，迫使明朝政府向南遷移。爾後吳三桂引清兵入關，滿清大肆掃蕩中原，明朝勢力只得一退再退。

當時，琉球尚豐王過世。使者正帶著訃告，以及尚賢王的冊封請求書來到中國，但使者並不知道北京政權早已易主。一行人先是因戰亂在福建逗留，後來好不容易向南明安宗報告之後，安宗又隨即被清軍攻破被俘。但琉球還是持續和鄭芝龍等人所支持，位於福州的南明紹宗勢力保持聯繫，並在一六四六年時，派遣紹宗即位的慶賀使者。

但勢不可擋的清軍終究打下了福州。在此處逗留的琉球使者也一同被帶到北京。不過到了首都，清世祖非常禮遇這些琉球使臣，釋出善意給予厚賞，並且要求琉球歸順大清，但此時琉球的態度相當猶豫。同時，在使者往來福州與北京奔波的這段期間，才登基不久的尚賢王又去世，由尚質王即位。

在清朝持續招安下，琉球終於在一六五〇年，派使者奉表帶著貢品，準備慶賀清世祖登基，向滿清政權輸誠，然而該船隊卻遭遇變故未達使命。當時隨著明政權瓦解，海上處在毫無治安可言的狀態之下，因此很難斷定到底是發生自然船難，還是碰到人為因素而失聯。

明朝雖被擊垮，但仍有鄭芝龍、鄭成功之類的殘存勢力。為了對抗清朝，他們有意向日本求援，便想到或許可以藉由琉球代爲仲介，但缺乏實質成效。實際造訪中國，了解到情勢已經大不相同的琉球，認爲很難再與明清之間維持曖昧的空間，便打算轉投滿清政府。清朝爲確認琉球的誠意，要求琉球必須繳還明朝所賜下的敕令與印章。

於是琉球在一六五三年，派遣使者帶著印章前往北京，並正式要求清朝冊封尙質王。然而此時琉球所繳回的敕印，其實是尙寧王時代的印章。琉球使者解釋：每當國王下葬之時，印章也會隨之陪葬，然而尙寧王因未葬於玉陵之故，所以只剩他的印章能繳回。清世祖接受了琉球的說法，隔年派人冊封尙質王，並在琉球最關心的朝貢一事上，允許恢復早期的兩年一貢。

北谷・惠祖事件

琉球在一六六三年，派遣當時的三司官北谷親方朝暢前往中國謝恩。隔年北谷朝暢在回琉球前，暫且先在福建逗留。此時因爲清康熙皇帝即位，琉球又再派了惠祖親方重孝作爲祝賀使者訪中。但是惠祖重孝在福建閩江河口時，不幸遇到海盜襲擊，除了有船員被殺外，本要獻給清朝的金壺還被搶走。一六六五年，謝恩和祝賀的這兩隊使者都回到了琉球。

薩摩方面收到此次事件的報告後，便著手釐清事件的詳細過程，並一一審訊相關人員。結果意外發現，所謂的「海盜」其實是北谷朝暢的手下假扮的，目的正是爲了奪取貢品獲利。他們搶奪金壺後在當地變賣，還殺死了幾名參與者，賄絡船員以求封口。後來北谷朝暢得知事發，就在伊平屋島將事件參與者丟入海中，企圖隱瞞消息。

薩摩於是判決：北谷朝暢放縱手下引發竊案，惠祖重孝則臨陣脫逃，未能守護金壺，因此雙雙斬首處決。其他參與者也分別遭到刑責。此外，當時的攝政尙亨（具志川朝盈）也受到波及，在一六六六年辭去職務。

慧眼獨具的聖者

被解除攝政一職的具志川朝盈是尙豐王的弟弟。當初他因爲膝下無子，尙豐王就將自己兒子尙質，過繼給具志川朝盈當作養子。具志川朝盈曾在一六三三年時，因祝賀島津家久長孫誕生而前往江戶。此後也以年頭使（祝賀新年的使者），以及報告琉球新王即位等各種原因赴日，活躍於對日的外交場合。

爾後尙質正式即位爲王，作爲養父的具志川朝盈成爲攝政。具志川朝盈飽學詩書，爲人敦厚有德，因此被讚頌爲「聖人按司加那志」。具志川朝盈同時擁有文學的才華，他最有名的作品之一爲「石なぐぬ歌」（石投子之歌）：

石なぐの石の大石なるまでもうかきぶせみしょり我御主がなし
（如小石積成大石般長久／祝我君千秋萬世）

有些說法認爲「小石頭積成大石」這個意境，與日本古代和歌，也是當今的被選爲日本國歌歌詞的「君之代」過於類似，有可能是受其影響下的創作，不過也有反對意見認爲兩者並無相關。巧合的是，本歌曲也被認爲是琉球的「國歌」，雖當時國家應當還沒有國歌的這個概念，但此歌經常在國家級慶典中所演唱，至少代表本歌曲受到當代重視。現今那霸龍舟賽的「泊爬龍歌」中，也留下小石變大石的敘述入詞。

具志川朝盈另有善於識人特長，有則逸話是：某次他乘坐轎子，經過崇元寺時，碰到一位相當漂亮的女性正要通過。具志川朝盈打量著她，最後甚至忍不住掀開轎子，仔細觀察了該女一番。同行的人不禁大感訝異，認爲素來德行崇高的聖人按司，居然也好女色。然而具志川朝盈卻解釋：「你們以爲那女的沒甚麼，但我敢說，她就有如唐代的楊貴妃一般，是個能傾城傾國的女子。如果只是平民那也就罷了，但要是讓她入宮，肯定會引起一般風波。」

具志川朝盈一語成讖，該女眞的入宮，名爲「眞壁按司加那志」。眞壁先是成爲尙貞王的側室，與正妃奧間按司加那志不和。但因尙貞王過於寵愛眞壁下，奧間因此被疏遠，甚至離婚並鬱鬱而終。

但眞壁可沒因爲奧間死了就放過她，她先是以「不想和奧間葬在一處」爲由，要求尙貞王不可以將她下葬玉陵。尙貞王一度答應此事，但後來在太子的懇求下收回命令。然而眞壁又出新花招，要求尙貞王要在自己宅邸新建的席位上，像看戲一樣觀賞奧間的葬禮。

所幸，平等所的江田親雲上認為這太誇張，直接拆了座席。最後尚貞王和眞壁在大美御殿的瞭望臺上，目送奧間的葬禮。尚貞王此時回想起與奧間過去的種種，不禁留下淚來。妒火中燒的眞壁便拿煙管敲了尚貞王的頭，罵他不知廉恥。在琉球史上，被妃子敲頭的國王，恐怕也只有這一回。而具志川朝盈只憑一面之緣就未卜先知，算是反映出他的眼光。

攝政羽地朝秀

具志川朝盈懂得看人，而他曾經對一位後進有著極高的評價。當這個人還只是青年時，具志川朝盈就斷言他能替琉球做出重大改變。他就是在「北谷・惠祖事件」事件後，接手攝政一職的羽地朝秀。

當時，琉球因為碰上薩摩入侵，失去主權的歷史巨變，從上而下開始出現頹廢的風氣。官員們縱情酒色，荒廢政務。不法徵收、強迫勞動、賄絡等狀況叢生，農民們被逼得只能棄耕，逃往外地謀生，使得農村生產力大幅滑落。

一六三二年，薩摩派遣深諳儒學的高僧泊竹如來琉球，擔任尚豐王的講師。青年羽地朝秀因此獲得和泊竹如交流的機會，逐漸警覺到：如果國家不實踐改革，繼續抱持著守舊和迷信下去，那麼國家就沒有好轉的一天。

到了二十歲，羽地朝秀走訪各處，直接探聽當前百姓們的生活概況，並且在末吉村務農自耕，親自體驗底層人民的辛勞。二十三歲時，他繼承了羽地間切的總地頭職。受到王府器重的羽地朝秀，後來奉命撰寫琉球國的第一部官方正史《中山世鑑》。

《中山世鑑》全書完成於一六五〇年，主文寫了自琉球開創神話到尙清王時代的事。前面序言、總論等部分以漢語書寫，後面主文則是日語。在作爲官方背書的這部史料中，羽地朝秀將源爲朝來琉生下舜天王之說寫入本文，並且在序文中將謝名親方寫成「歃臣一邪名」，因此被認爲國族認同上有親日傾向。

一六六〇年九月，首里城發生火災，王城宮殿付之一炬，國王被迫移居至大美殿。這是首里城自第一尚氏王朝的志魯布里之亂以來，記載上可知的第二次火災。本來因爲和島津戰敗，朝貢貿易不順，明清交接之際海上不安等因素，琉球早已陷入財政困難之中。這場意外

羽地朝秀生家跡

的大火，對王國又是一大打擊。

當時還是王子的尚貞正在薩摩留學。隔年爲了報告火災，羽地朝秀動身前往薩摩。事實上羽地朝秀兩年前，才以年頭使身分來過薩摩，隔年十月回到琉球時，剛好碰上首里城火災不久，等於羽地朝秀幾乎沒在琉球做太久的停留，就判斷事態緊急，馬上又掉頭返回了。

羽地朝秀向薩摩交涉，希望能免除一年的貢租，以及調降琉球的稅率。琉球經過檢地後，推算出生產力爲八萬九千九百十九石餘，而根據當時薩摩的規定，一石必須上繳三斗五升的米糧。但羽地朝秀認爲琉球不可能付得出來，希望能暫且調成二斗八升，否則只會徒增百姓負擔。

此外，羽地朝秀還趁這段期間，請求薩摩協助處理明鄭勢力的問題。當時琉球已經和清朝正式建交，卻時有前往中國的船隻未能歸航

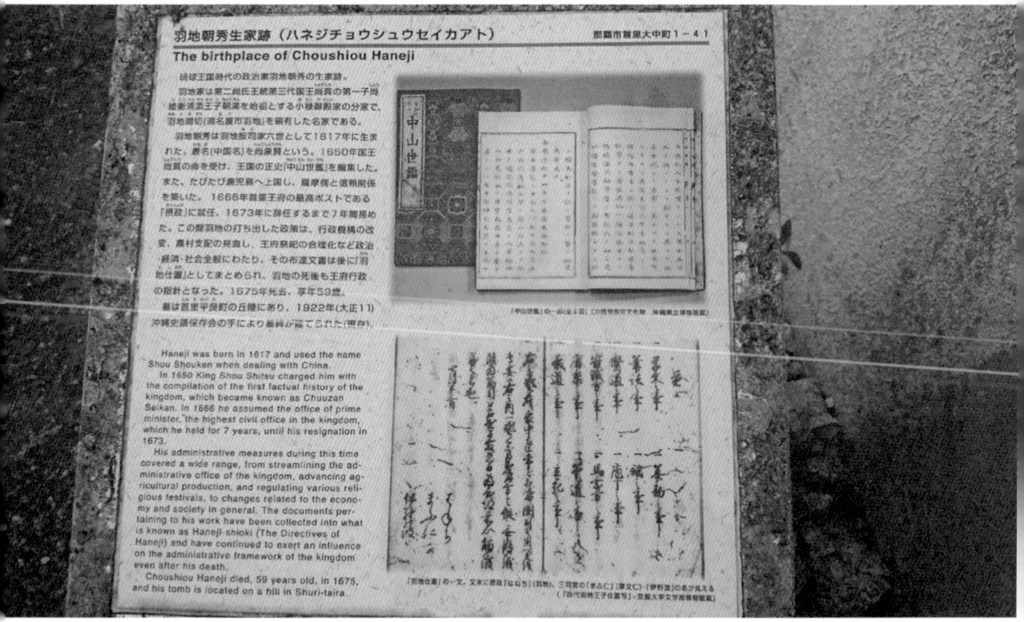

羽地朝秀生家跡看板

的事件發生，因此被猜測極有可能是受到明鄭船隊的襲擊。由於明鄭曾和日本乞師，於是羽地朝秀希望日本能代爲交涉，保障琉球船隊的安全，並且表示可以告訴明鄭：此時琉球服從韃靼（清朝），乃是時勢所迫，並非眞心投降。若未來明朝重返中國執政，琉球還是會繼續向明朝效忠。然而，隨著江戶幕府拒絕了鄭氏的求援，這件事情也不了了之。

羽地仕置

被任命爲新任攝政的羽地朝秀，一上臺就有動作。根據過往慣例，在攝政就職之時，女官長必須向國王、妃子等人獻上與地位相稱的酒、牛肉、餅之類的豐盛貢物。然而羽地朝秀認爲時局艱困，因此改向國王獻上酒一對、餅兩盆，妃子酒一對、餅一盆即可，其餘皆予以免除。此外，他還表示日後三司官等官員新任之際，同樣也比照調整。

新攝政上任的另一個慣例，是眾官吏們會分別帶著祝賀的酒，登門來向新攝政拜碼頭。但羽地朝秀認爲這只不過是虛禮，便以正事繁忙爲理由，要大家別來找他，只要在「禮帳」上簽個名，意思有到就好。他同樣又要求往後他人升職，也以此方式辦理。

其他羽地朝秀著手進行的改革，大抵不脫這個路線：整肅風氣、減少鋪張浪費、嚴查貪贓枉法等等。農業方面，羽地引入了日本的「石高」制度，轉變爲琉球版的「仕明政策」，並且允許土地私有化，此舉不只讓一般民眾努力開墾，還吸引到士族也投入開發。他也鼓勵砍伐山林，獲取林木資源，而這雖然有助於琉球的民生經濟，但也爲往後山林被嚴重破壞，使得蔡溫不得不重新制定山林政策埋下伏筆。

羽地朝秀另外改正制度，嚴格分出官爵、士族的上下階級。他還要求士族們要多學習「大和藝能」，他表示即使出身名門，但如果「學文、筆方、醫道、容職、唐樂、茶道、算勘、謠、庖丁、馬乘、筆道、立花」這十二藝中，連一項都沒有學會的話，就不會考慮給予要職。雖說名爲大和藝能，但像是「學文」一項中以四書五經爲中心，醫道、書法等也多有參照中國方面的內容，因此與其說是向日本學習，倒不如說是參照當時周邊強國的做法來培育人才。

這些改革被稱爲「羽地仕置」，有效穩固當時慘澹的琉球社經狀況。要注意的是，雖然過往的攝政也具有相當的地位，但象徵性質爲多。除了國王外，一般掌握最高實權的還是三司官。所以攝政的羽地朝秀有這麼具體動作，是琉球史上空前絕後的案例。

日琉同祖論

這些措施，不難看出曾在儒學者底下學習的羽地朝秀，本身也受到儒家文化的影響。遵從儒道的羽地朝秀，自然也對宗教抱持著反感。就在羽地朝秀上任隔年，神女之長「聞得大君」身分就被降至王妃之下。而慣例聞得大君的就任，會和國王一同到齋場御嶽舉行儀式，結果羽地朝秀任內先是改成聞得大君去就好，國王不必勞師動眾跟著，後來更變成派個代理人去就好。

除了對聞得大君制度動手之外，琉球過去相信創世神阿摩美久降臨久高島，爲琉球帶來五穀，因此國王、聞得大君與文武百官總會在一個時期，全體整裝浩浩蕩蕩地參訪久高島。爲了這一趟旅程，總是得在當地搭建臨時的宮殿，並大量徵集周邊地區的人力物力，形成巨大的開銷。

於是羽地朝秀上書尚貞王，認爲得重新考慮此慣習，並在奏章中力陳：「這個國家的人們，最初毫無疑問就是從日本來到此地的。雙方從天地、山川、五形、五倫、到鳥獸的稱呼都互通，更可佐證這一點。因此五穀當然也是人所帶來的。就算現在語言上有著些微差異，那也是因爲距離遙遠，長久以來失聯之故。」

這段「這個國家的人由日本而來」的話語，加上承認爲朝傳說，半強制要求士族學習大和藝能等等，羽地朝秀與親日、崇日幾乎畫上等號，被認爲是提倡「日琉同祖論」的先鋒。但或許把這些事例一律輕易概括爲日琉同祖，是個過於單純的理解。

如前所述，久高島具有琉球創世神降臨處的代表地位。因此羽地朝秀強調五穀是經由人爲傳入的，意圖中其實帶有反駁神話，訴諸理性的意思在。有趣的是，在羽地朝秀親自編寫的《中山世鑑》裡頭，同時也有「蓋我朝開闢，天神阿摩美久築之，然後植山石草木，次生人，是稱天孫氏矣，次藝五穀……」等字樣。一下承認天神，一下又說是人帶來的，儘管兩個說詞前後相差超過二十年，但確實有著前後矛盾。

或許羽地朝秀的重點，恐怕還是將能廢除參訪久高島擺在第一要件，因此企圖用此論點達到目的。其實羽地朝秀考量的點還有渡海的危險性；勞師動眾對百姓負擔太大；臨時滯留的知念城內過於狹小，一旦發生火災將難以逃脫；以及祭祀原因與聖賢無關，若是讓大國知道國王居然為了巫女親訪，恐怕貽笑大方……等等理由。這些說詞與「日琉同祖」一併提出，顯示他的重點不在真的想顛覆民族起源說，而是一種為了達成政治目的的措辭。

不過，這也並不代表羽地朝秀不親日、崇日。事實上，在薩摩控制琉球主權的情況下，一個能搞出這麼多改革的官，不可能不與和薩摩有著密切關係。而無論他的政治目的，這段話也理所當然助長後世的日琉同祖一說。例如沖繩戰後美軍統治期間，投身回歸祖國（日本）運動的仲吉良光，即是受羽地朝秀的此番言論影響。只是同時也必須知道，羽地朝秀是不折不扣個現實主義者，從當初他說屈服清朝只是一時，等明鄭反攻有成會再次效忠等辭令，顯示了比起講甚麼話，他更在乎事情實際的本質。所謂親向哪一方，對他而言恐怕只是一種手段。而在慶長琉球之役後，琉球確實更深入的受到了日本的影響，羽地的思考模式，只是反映了時代背景。

被罷黜的樂聖

連琉球最重視的信仰上都能動手，羽地朝秀的固執性格可想而知。而另一個反映羽地朝秀強硬作風的案例，就屬幸地賢忠（又名田場賢忠、湛水親方等）的免職案了。

當時，琉球因為農村困乏，許多婦女常常賣身，成為遊女攬客。重視品行的羽地朝秀雖然想管，但因為現實層面上無法阻止窮人賣身，因此轉為嚴厲要求士族，禁止他們包養或將遊女攬入家門等等。事實上在這之前，確實有士族因爲遊女的關係，發生家庭失和、金錢糾紛等麻煩。羽地朝秀認爲既然無法徹底控管民間，那起碼上位者們要做足榜樣，不可帶頭敗壞綱紀。

偏偏這時還眞有人觸犯這條禁忌，此人就是幸地賢忠。幸地賢忠唐名夏德庸，是過去對抗阿麻和利，但後來被尚圓王討滅的「鬼大城」越來賢雄（夏居數）家族七世孫，也是羽地朝秀的從弟。出身大有來頭的幸地賢忠，執政經歷雖然沒有羽地朝秀亮眼，然而也不算差，擔任過平等側（司法）、鎖之側（財經）等重要官職，資歷可圈可點。

特別値得注意的，是他還擔任過「御振舞奉行職」、「踊奉行」這些與藝能方面相關的職位。幸地賢忠的音樂才能了得，是當代著名的三線大師，一六三九年首里城外的中城御殿完成時，他曾招待中城王子王妃，並親自演奏三線琴。美妙的琴聲讓在場的賓客如癡如醉，幸地賢忠善奏三線之名也在首里傳開。

然而仕途一帆風順的幸地賢忠，卻在四十五歲那年痛失愛妻。或許是寂寞難耐，幸地賢忠開始流連於位於仲島的花街柳巷。此時，他邂逅一位小他快三十歲的遊女，情投意合的兩人，很快發展出了超越一般恩客和遊女的關係。後來，幸地賢忠更直接將該遊女娶爲側室。

此事和羽地朝秀整肅風氣的指示嚴重牴觸，於是羽地朝秀在震怒之下，免除了幸地賢忠的官職，罰他到具志川間切田場村隱居。幸地賢忠也乾脆剃髮，改號「湛水」，過著和幼妻與三線相伴的生活。直到羽地朝秀過世之後，尚貞王憐惜湛水的才能，才決定再將他召回，擔任負責接待薩摩與冊封使的「御茶道長」等職位，此時他也被稱作「湛水親方」。湛水親方最後在六十一歲時去世，而當初那位遊女愛妾，則在追隨湛水親方似的，在隔年離開人間。

而湛水親方最後在音樂界所留下的名號，果然還是高過他的政治生涯。他的作品有「首里節」、「作田節」、「諸鈍節」等等。由他起頭之後，往後的琉球古典三線流派，幾乎都能往上追溯至「湛水流」。此流今日也與「野村流」、「安富祖流」被譽爲是琉球古典音樂的三大流派。湛水親方因此被封爲「樂聖」、「琉球古典音樂之祖」。

一八九五年編纂的《古今琉歌集》收錄了一首他的作品：

露の身は持ちやい　遊びゆすや笑て
この世振り捨てて　いきやしやがな
（身如露水般稍縱即逝／卻嘲笑著遊者／離開這個世間後／下一步又該往何方呢）

有別於羽地朝秀的剛直性格，這歌詞或許透露著的，正是湛水親方在人生後半經歷許多波浪後，有感而發的一闕吧。

湛水親方當初在仲島的遊樂街和妻子相識，而仲島其實就在今日旭橋單軌列車站，也就是那霸公車總站一帶。公車總站區內至今仍保留著一顆「仲島的大石」，這顆高約六公尺的大石頭，除了作爲過去地貌不同的證物之外，也被周遭居民認爲可以帶來好運。那霸公車總站曾經做過大幅度的修整，新的總站在二〇一八年開幕，是個設有商場和公立圖書館，頗爲氣派的複合型建築。

然而即使經歷大規模改建，仲島的大石仍得以留存，多少反映出在地的重視程度。

羽地朝秀之死

羽地朝秀的強硬做法，並不是沒有引起不滿。他曾感慨「琉球沒有任何人了解我，知我者僅北方一人」。這位北方的知者，被認爲是薩摩藩家老新納又左衛門。不過也由於薩摩授權的關係，致使就算有不同的聲音出現，也很難撼動他的地位。光從湛水親方的事件就能看出，連尚貞王想任命湛水作官，都還得等到羽地朝秀死後才能實行。而雖然背後有薩摩作爲靠山，但羽地朝秀認爲他的改革動機，全都是爲了復興琉球。他也曾有過和薩摩藩意見相左的時候，但都堅持自己的作法才是對的。

然而羽地朝秀終究還是會老會累，他在

仲島的大石

五十八歲那年，總算是拋出想辭任的念頭。他說自己已經年老力衰，即使被挽留，也沒有精力再奮鬥下去，希望能給他這個老人最後兩、三年安詳離去的時間。辭退後的攝政一職後來由大里王子朝亮繼承，而就在下野的隔年，羽地朝秀便離開人世。再隔一年的一六七六年，琉球的至聖廟終於建成。

羽地朝秀被評價爲琉球史上最重要的政治家之一，伊波普猷將他列入「琉球五偉人」的一員。如今在沖繩，也曾經政治人物出馬時，打出要當「現代版羽地朝秀」的口號。在他的強力改革之下，琉球總算是止跌回升，爲往後盛世再臨，文化蓬勃發展的近世琉球打下了基礎。

羽地朝秀的墓在現今首里平良地區，末吉公園附近，一九二二年曾在沖繩史蹟保存會下建立墓碑，不過跟不少墓一樣，雜草還是長得不少。位於首里大中町的羽地朝秀生家跡（住處）前，亦有豎立說明牌文。因爲是首里，像這樣的家跡、說明牌文相當多，包括蔡溫、宜灣朝保等人的生家跡，也都聚集在這一帶。

康熙皇帝與琉球

另一方面，滿清雖擊敗大明帝國，成爲新一代中原之主，但初期根基並不穩固。企圖復明、抗拒滿族統治的反對勢力仍然蠢蠢欲動，明鄭、三藩等動亂接連而起，周邊藩國同樣也在觀察局勢。然而，琉球在這種情況下，仍持續與清朝往來，讓清廷對留下相當好的印象，於是少不了回饋給琉球。其中最具代表性的，便是康熙皇帝的種種作爲了。

前述在順治皇帝時期，琉球上繳明朝時代的印章，正式和清朝建立關係。清廷於是派張學禮爲使者，帶著新印章前往琉球，但因爲海道不通而未能成行。等到康熙即位後，再次下令張學禮出使，張學禮同樣回報海道困難，結果康熙並不領情，反而斥責張是逗留延誤，並且要閩浙總督造船送人。

一六八二年，琉球因尚貞王即位，派使者來到清朝請求冊封。清廷擬了汪楫、麟焻兩位人選爲正副使者。康熙向官員們再三確認了兩位使者的人品、才學，確定他們都是一時之選後，康熙才滿意地點頭答應。之所以如此謹慎，就是怕派的人不夠優秀，壞了康熙「朕懷柔遠人之意」。

爲展現清朝的誠意，康熙召來滿漢講官，告訴他們：「琉球世爲外臣，今奏請嗣爵，故將特遣使冊封。朕書『中山世土』四大字，命使臣賫賜（賞賜）。」皇帝親自提字送給藩國，這在當時也屬特例，爲此禮部還稍有微詞，認爲對琉球不需要做到這種程度。但終因康熙的堅持下，這塊「中山世土」匾額，便隨著使者一起來到琉球。康熙首開先例後，清朝賜字給琉球國就此成爲一個慣習，往後還有雍正賜「輯瑞球陽」、乾隆賜「永祚瀛壖」、嘉慶賜「海表恭藩」等等。

在朝貢方面，康熙也給予其優惠。他先是表示琉球的來貢，只要給「硫磺、海螺殼、紅銅」等物品就好，其他像馬匹、絲煙等物就可以取消。後來又以「途道勞煩」爲由，又免掉了海螺殼一項。相對的，好幾次琉球進貢時，康熙都會以褒獎琉球忠義等理由，在規定的回贈品項外「加賜錦幣」、「加例賞緞」，讓琉球使節團滿載而歸。

琉球以朝貢、冊封、謝恩慶賀等名義來中，往來相當頻繁。福建總督王國安曾經認爲可考慮對進貢船抽稅，但康熙認爲，對一般私人的貿易船抽稅就算了，抽進貢船的稅於大體不合，否決了這項提案。另外，他還放寬琉球來貢的人數限制，上限從一百五十人，一口氣提高到了兩倍的三百人，這同時也代表著能有更多琉球人能趁機來到中國交流、做生意。

康熙對琉球的關照不在話下。可惜的是，當初康熙賜給琉球的「中山世土」匾額已不復在。雖然二戰後有仿眞復刻，與「輯瑞球陽」、「永祚瀛壖」等匾額，共同懸掛於重建後的首里城正殿，但二〇一九年的火災，又再度化爲灰燼。研究明清的權威，已故的陳捷先教授認爲，中琉的關係一度因爲明末日本的介入而幾乎中斷，但在康熙的努力之下，中琉關係總算得以恢復。中國文化能夠持續入琉，提升當時的琉球社會水準，正是出自康熙皇帝的貢獻。

琉球麻醉手術

而說到清初期間，有什麼因爲中國技術的傳入，給琉球造成重大影響的例子，就屬魏士哲的麻醉手術最具代表性。

一六八三年，清朝水師提督施琅大破明鄭軍隊，鄭克塽降清，明朝的殘餘勢力幾乎被掃蕩殆盡。至此，琉球船隊屢屢碰上名爲「海盜打劫」，實際上是明鄭船隊攻擊的困擾，總算是可以平息下來。

唯航海技術受限下，船隊還是難敵天然災害，無論是進貢使或者琉球本島間的船隊，都不時有船難發生。例如一六八四年宮古島的納貢船在回程途中，被大風吹至金門；隔年中國朝貢船隊在回程時，二號船不斷遭遇風亂，先是被吹到八重山，後來更整船損壞，船上人員全部殉職；一六八六年，琉球派遣四位官生，準備赴北京國子監就學。結果遭遇大風，旗艦主帆桅桿被吹斷，砸死了一名官生，船也被吹到宮古島。最後不得不在隔年先返回那霸修船，隨後才得以出航。

這些狀況反映了雖然造訪中國對琉球有益，但也是非常危險的航程。就在同一年，福地盛命、蔡鐸、魏士哲等人的進貢船隊出發來到中國。其中有一位名爲與那原的水手，天生患有兔唇（唇顎裂），爲了治好病症，與那原的義弟高嶺打聽到有位名爲「黃會友」的醫師會治療兔唇，而且對方剛好人就在距離琉球館（福州柔遠驛）不遠的福州南臺地方，於是便帶著與那原拜訪黃會友，結果與那原的兔唇順利痊癒。

這消息後來傳進福地與蔡鐸等人耳裡。事實上，當時的琉球王孫尚益也患有兔唇，但琉球醫師並不懂得如何治療，且即便是到了北京，也從未打聽到有哪位名醫可治癒此病。既然難得在此碰上黃會友，一行人便商量，打算派魏士哲爲代表，向黃會友學習兔唇的治療之術。

魏士哲並非漢人，也不是久米村的漢人後代。他是琉球士族佐次武親雲上的兒子，小時候就特別聰慧，因此年僅十一歲時，就跟著進貢船一起到中國。他在福建三年，把中文學得十分流利，因次才被琉球王府賜姓「魏」及漢人名字「魏士哲」，成爲魏氏高嶺家的養子。另外，他自身其實不懂醫術，因此一度想辭退，但最終拗不過，還是接下了這項任務。

黃會友一開始也不願教學，堅稱這是一世一傳的醫術，無法輕易的傳授外人，但終究是被魏士哲三顧茅廬的誠意所打動，破例收他為徒。領悟力高的魏士哲，僅花二十日就將技術學成。還順便學會了治療兔唇時，得先施行的麻醉手術。琉球使團也一共湊出了五十金，作為報答黃會友的謝禮。

歸國的魏士哲，與引介他和黃會友的大嶺為助手，前後分別先治療了五名兔唇患者，結果每個人都成功痊癒。最後，他奉命治療王孫尚益，在魏士哲高明的手術下，尚益的兔唇在三天三夜後就徹底解決，且沒留下任何疤痕。

現今對魏士哲當時使用的麻醉，到底是不是全身麻醉，似乎還沒有定案。但如果是的話，那琉球的魏士哲就遠比日本的華岡青洲還要早百年以上，就掌握了全身麻醉的技術。而無論如何，魏士哲在琉球醫學寫下里程碑倒是無可置疑的，他本人也因為這個功績，獲封豐見城見切高嶺的地頭職，因此被稱為「高嶺親方德明」。現今琉球大學醫學部，也有一塊「高嶺德明彰顯碑」紀念他的功績。

至於在此事上也推了一把的蔡鐸，在琉球王府之中也是一名要角。他往後參考《中山世鑑》，將其內容修正並譯成漢文的《中山世譜》。《中山世譜》而後又經蔡鐸的兒子蔡溫加筆，這位和羽地朝秀一樣參與到琉球正史編纂的人物，則又是另一位於琉球青史留名，帶領琉球再創盛世的重要政治家。

第七章

再一次輝煌盛世：琉球的文藝復興

在聚集大批觀光客的國際大街上，不難看到有許多店家或餐廳，刻意採用部分紅瓦、石塊一類傳統建築的裝飾，意圖打造出沖繩特有的風情。這些建築雖說讓客人逛起街來更有氣氛，但說來慚愧，我個人在這類餐廳的用餐經驗並不多，畢竟平時是來過生活而不是觀光的，思及口袋盤纏，難免對這種吃氣氛的店家敬而遠之。

然而，有一間名爲「琉球料理首里天樓」的餐廳卻讓我提起了興趣。這家餐廳的經營企業頗爲多角，除了飯店、餐廳和超市冷凍食品之外，他們還曾經出過介紹琉球王國歷史人物的書。書中圖文並茂全彩印刷，是適合初學者入門的那一類出版品。此種書籍在沖繩其實不少，然而因爲插圖精美的關係，讓它們在書架上特別醒目，雖然內文比較淺顯且算是有些小錯誤，但似乎仍取得了相當不錯的銷量。

「琉球料理首里天樓」一樓座席

我是先看過書才來餐廳的，所以一進門就很驚訝地發現，牆上貼著的，全是書中那些人物畫像插圖。如果選在一樓用餐，那麼身邊就會圍繞著護佐丸、鄭迵、仲宗根豐見親這些琉球史上角色的畫像。而三樓的宴會廳更是壯觀，裡頭直接以琉球王國歷史的進程，將牆面畫成一幅長篇繪卷，從靠舞臺側是時序較早的第一尚氏，彼此爭鬥的年代，一路畫到列強出現，琉球王朝落下帷幕之時。

除了在內裝上的用心之外，餐廳更是固定在宴會廳裡，提供「組踊」戲碼的演出服務。組踊是琉球王朝時期發明的歌舞劇，現今已經被聯合國教科文組織登錄爲無形文化資產。前文曾經提過，有一些故事在後來被改編爲組踊，例如義本王時代的大蛇傳說，又或者羽衣傳說等等，說的就是同一個東西。

想到組踊第一次在歷史舞臺上登場，即是

「琉球料理首里天樓」宴會廳座席

爲了招待來自清帝國的冊封使團。圍繞在這樣裝潢下，一邊享用著（價格可能不太親民）的御膳料理，彷彿有種自己已經穿越，成了古時候的達官貴人一般。

受限於場地，餐館內的組踊的形式上自然簡化許多。完整版的正式組踊，會有表演者與樂隊的相互搭配，也會有具故事性的腳本。當然，還要有對這許多項目瞭若指掌，得以統籌這一切演出的高手。因此組踊的出現，代表琉球藝能文化在許多方面都達到一個水平，不再只是三線之類單個項目的突出而已。

而包括組踊在內，現在常見所謂的琉球藝術文化風格，其實都沿於清代時期的琉球。即使羽地朝秀離去，但往後的王國中仍不斷有賢者冒出頭，又把國家推向了另一個高峰期，連帶提供藝能發展最合適的土壤。即使如今王國已不在，但遺留下來的這些精彩事物，仍閃耀著傳承自那時的光輝。

重陽大宴

一七一九年，清朝派遣海寶、徐葆光爲正、副使者來到琉球，冊封琉球的新任國王「尙敬王」。其中副使徐葆光趁這次機會，紀錄下了琉球的地理、文化等等概況，加上自己的遊歷和冊封事宜，寫成《中山傳信錄》一書。雖過往也有冊封使寫下《使琉球錄》等諸多著作，然而在這些

組踊《女物狂》 琉球郵票

作品中，《中山傳信錄》仍以分量詳實，在中國方眾多的琉球紀聞中具有突出地位。

中國的冊封使來琉球，免不了要隆重接待。根據《中山傳信錄》記載，在重頭戲「重陽宴」上，他們一行不只飽覽美景，欣賞歌舞，還欣賞了史上頭一回的「組踊」演出。

徐葆光詳細記載了戲中內容：「（前略）爲鶴、龜二兒復父仇古事。中城按司毛國鼎（護佐丸），忠勇爲國。時勝連按司阿公少（阿麻和利）爲郡馬，驕貴蓄異志，忌中城，讒之於王，誣以反……」

若是對先前章節的「護佐丸・阿麻和利之亂」還有記憶的讀者，應該不難發現，徐葆光看的這齣戲，就是該事件的改編之作。此劇名爲《二童敵討》，描述護佐丸在阿麻和利的奸計下自盡後，其子「鶴、龜」兩人爲了報仇，假意服侍阿麻和利。最後趁阿麻和利在酒醉時，高呼自己就是護佐丸之子，趁著阿麻和利驚訝不已的時候，拔劍將之刺殺，一討公道的故事。

除了這齣之外，徐葆光等人還觀賞了另一齣戲碼《執心鐘入》。故事主角名爲松壽——就是在「三線始祖」赤犬子傳說中曾出現的「中城若松」。中城若松在當代以貌美俊秀聞名。一天，若松奉公趕路途中，因天色已黑，只好到找尋鄰近民家求住。只見屋裡出來一位十多歲的少女，說父親正出外打獵，家裡剩她在家。

少女起先不願意讓若松入住，但後來發現來者就是那位有名的美男子中城若松，便答應下來。趁著松壽留宿，少女便有意地挑逗他，可是

組踊《二童敵討》 琉球郵票

被松壽嚴詞拒絕。惱羞成怒的少女便改變主意，想殺死若松。

若松嚇得立刻逃出屋外，找到一間寺廟。住持知道原委後，將若松藏在鐘內。此時少女也追到寺廟，幾名僧侶試著想打發她。少女在找不到若松之下，一度轉身離開。但隨後又發現鐘內有異，竟化爲厲鬼入鐘內。僧侶們見狀，合力誦經驅魔，總算是趕跑了女鬼。

徐葆光寫到這兩部戲「皆百年前國中事」，不過《二童敵討》阿麻和利之亂明顯是改編，與官方記載的過程有出入不說，《執心鐘入》當中的更是出現奇幻情節，甚至是「中城若松」這個人存在與否都不好說，眞實性可想而知。不過也就是戲，對琉球來講，最重要的是中國冊封使看得開心，就算達成目標了。

組踊《執心鐘入》 琉球郵票

劇聖與組踊

發明出組踊的人名爲玉城朝薰，他出身於首里儀保，家族與過去的尙眞王有血緣關係，擔任玉城的總地頭職。朝薰的祖夫朝恩多次被派往薩摩，深諳日本文化，年幼的朝薰也耳濡目染。不過朝薰在四歲時喪父，接手扶養的祖父也於九歲時過世，童年過得並不圓滿。

當時因琉球培養士族教養的政策，玉城朝薰學得了湛水流三線、也接觸到能言、狂劇等日本戲曲，因此獲得中央賞識。後來他隨著琉球使節來到薩摩，在薩摩藩主島津吉貴的面前能劇仕舞「軒端之梅」，另外也在幕府將軍德川家宣御前表演過琉球三線，顯示他在琉球、日本藝能兩端的造詣。

後來他出任「踊奉行」，即將他的才能發揮。他參考了日本、中國戲曲的形式，再佐以琉球在地的音樂、故事，融合創造出新形態的歌劇「組踊」。包含重陽宴上這兩齣戲，加上玉城朝薰後來創作的《銘苅子》（尚眞王妃子之父「銘苅子」版本的天女傳說）、《孝行之卷》（義本王時代「屋良漏地大蛇傳說」）、《女物狂》（描述兒童「龜松」被人口販子誘拐，龜松如何在高僧幫助下脫身，與母親重逢的故事）等劇碼，合稱爲「玉城朝薰五番」。這五部劇不只是有開創性，且在現今眼光來看，仍是水準數一數二的經典組踊劇碼。玉城朝薰也因此被尊稱爲「劇聖」。

這場大宴不僅是琉球文化發展的里程碑，也反映出琉球王國走出敗戰的陰霾，在各方面發展跨進一大步。不僅僅是藝文，在教育、政治上，也都出現影響後世深遠的偉人。就在組踊上演三百週年的二〇一九年，沖繩縣立博物館舉辦了名爲「朝薰起舞、順則吟詩——琉球王國時代的偉人——」特展，展示兩位琉球名士的相關文物。「朝薰」說的當然是玉城朝薰，而和他在此展並列名號的「順則」，本名則是「程順則」，是在琉球教育留下成就，此時期的另一位代表人物。

雪堂儒生

前文曾談到至聖廟的原址，同時也是本來明倫堂所在地。明倫堂是琉球第一所公立學校，由程順則於一七一八年創建。興建明倫堂的程順則因為其貢獻，名列「琉球五偉人」之一。在此說明一下：所謂「琉球五偉人」封號，乃是出自於伊波普猷與眞境名安興兩位研究琉球學者合著的同名書籍《琉球の五偉人》。書中羅列的五名人選，按出生年代排列，依序為儀間眞常、羽地朝秀、程順則、蔡溫與宜灣朝保。本書已介紹過前兩位的功績，而下一位在琉球史中登場的，便是有著「名護聖人」稱號的程順則。

程順則是漢人移民之後，父親程泰祚仕宦於琉球王國。一六七三年，程泰祚以都通事的身分，隨琉球朝貢團出使中國。然而船隊在浙江沿岸一帶時，遭到十幾艘「海盜船」的襲擊。由於過去有遇襲貨物被奪，負責人遭到薩摩懲處的先例在前，這次琉球船隊在敵眾我寡之下，仍堅持抵抗。戰鬥持續了數個小時，直到清朝巡邏艦抵達後，才總算趕走海盜船。琉球方面有五人（一說七人）戰死，負傷二十四人，但相對敵軍的十六人戰死與十九人負傷，琉球方的損失較少。這次襲擊琉球的「海盜」，則被懷疑是來自明鄭在浙江定海的船艦。

經歷劫難在福州上岸的琉球使，可沒就此一帆風順。琉球使團按照慣例分成兩組，一組在十月出發前往北京，另一組則在福建留守待命。程泰祚被分配到上京組中，但就在上京組出發之後，爆發了「三藩之亂」，福州被反清的耿精忠占領，上京組因此被卡在蘇州動彈不得。等不到上京組來得及回程，留守組便於隔年五月先行回到那霸。而就在上京組滯留蘇州的這段期間，程泰祚與海盜交戰所留下的傷勢復發，在異鄉離世。

程泰祚死去之時，程順則只是十三歲的青年。青年喪父的程順則並沒有因此陷入低潮，在母親扶養之下，程順則追隨父親的步伐，才學日益精進。在三藩之亂結束後，程順則跟隨進貢使團來到中國。而他當然也沒忘記要去蘇州，探望已逝的父親之墓。在對父親強烈的思念之情下，程順則寫下了〈姑蘇省墓〉一詩：

其一

勞勞王事飽艱辛　贏得荒碑記故臣
萬里海天生死隔　一時父子夢魂親
山花遙映杜鵑血　野蔓猶牽過馬身
依戀孤墳頻慟哭　路傍樵客亦沾巾

同　其二

忍看霜露下蘇州　十四年中淚復流
鹿走山前松徑亂　烏啼碣上墓門秋
淒涼異地封孤骨　慚愧微官拜故丘
過此不知何日盜　茫茫蒼海望無由

思父之情外，這兩首詩也顯示在琉球生長的程順則，漢文學習得相當出色，才得以寫出如此高水準的詩作。他往後拜大儒陳元甫爲師，將自己的書齋取名爲「雪堂」，四年間日夜精讀。文采不錯的他，自編《雪堂燕遊草》、《雪堂雜組》、《雪堂紀榮詩》等文集收錄他創作的作品。除了詩文以外，程順則後來也寫了航海手冊《指南廣義》，除了標示前往中國的航路，供人參考之外，也對飲食、修身養性等有所著墨。

而他也不只自己寫書，更愛買書。在幾次往來中國下，他花錢買了包含史記、宋書等在內的《十七史》一千五百九十二卷，並帶至琉球至聖廟。一七〇六年時，他自費將上述的《指南廣義》以及《六諭衍義》印刷後，帶回琉球。

《六諭衍義》與暴坊將軍

程順則非常重視教育，他曾在《琉球國新建至聖廟記》中寫道：「夫以聖人而君天下，不如以聖人而師天下也。君天下者，澤及於一，時師天下者，舉凡古今來天之所覆，地之所載，舟車所至，日月所照之處，靡不被教化焉，噫豈偶然哉」，認爲由聖人治天下，還不如聖人教育天下。因爲君天下只是一時，但如果是透過教育，就能更爲深入社會的各個角落，廣泛而扎實地影響社會風氣。而程順則代表的具體行動，就是從中國帶回《六諭衍義》這本著作。

《六諭衍義》約在明末清初寫成，作者爲范鋐。「六諭」源自明太祖朱元璋頒布的教民榜文中

「孝順父母、尊敬長上、和睦鄉里、教訓子孫、各安生理、毋作非爲」六大信條。訂出這六個信條，主要是想用簡單易懂的方式規訓百姓，而《六諭衍義》一書，就是解說這六個項目。

雖然沒有明確的紀錄，但當時的琉球教育資源相對缺乏，或許是可以想像的，畢竟爲了提升士族素質，還得靠羽地朝秀要求眾人學藝。而程順則可能是看上了《六諭衍義》作爲教養書籍的價值，想藉此書來進一步提升琉球人的素養。

此書後來經由琉球使者獻給了薩摩島津，而薩摩又再將它送給德川吉宗。這位在近代戲劇中化身爲「暴坊將軍」的幕府領導者，在獲得《六諭衍義》之後，也發覺其中的教育價值，於是命學者室鳩巢進行解析，荻生徂徠製作訓譯本。一七二二年，室鳩巢解析的《六諭衍義大意》完成，並被訂爲寺子屋的教科書。也就

名護博物館前的程順則像與《六諭衍義》碑

是程順則的舉動，還間接影響了日本。

此外，程順則也不只有帶書到琉球而已。一七一八年，程順則在至聖廟園區內創建了「明倫堂」。該學校教導官話、經書、詩文和外交奏章等內容。此外還有以七歲以上的年少者爲對象的上天妃宮，在裡頭教授初級官話。

程順則後來受封名護一地，因此有了「名護親方」、「名護聖人」等稱號。今日走在名護市，不時能看到有些看板標示上頭，畫了位身穿琉球官服，手持《六諭衍義》，外表和藹可親的老儒者。這位卡通畫風的名護市形象大使，就是程順則。名護市另有一座小型的在地博物館，館外放置了程順則的雕像，和刻著「六諭」條目的石碑。原先館內以介紹當地文史及自然概述爲主，像是一間圖書館的資料室，東西稱不上多。不過目前已在籌備新館的建設，預定在二〇二二年秋季開館，在腹地更寬廣的園區內，可望能有更豐富的內容。

冊封使團的動亂

徐葆光來這趟出使琉球，程順則也是負責招待的人。兩人相當投緣，徐葆光在記錄琉球事物時，參考了不少程順則所提供的訊息。在臨別之際，程順則還送了一首〈奉送徐太史澂齋還朝〉給徐葆光：

春風回暖送君旋，一點雲颿入遠煙。
萬里簡書歸闕下，半江彩鷁到門前。
張騫槎自天邊轉，蘇軾文從海外傳。
莫道歸裝無長物，盡收景物入詩篇。

文中展現出雖然可能沒有實質送上什麼大禮，不過在琉球一同遊樂的回憶，就是最好的紀念品了。然而，此行光鮮亮麗的背後，其實差點爆發一場重傷琉球國顏面級別的大危機，此事被稱爲「評價事件」。

當時，中國冊封使團的成員來到琉球時，許多人會趁機私帶物品，在當地變賣牟利。畢竟以當代技術而言，出海這一趟可說是拿命去賭，而且得花費大量時日。如果沒有一些外快收入，自然提不起一般人的興趣。因此許多人都會事先打聽好不好賺，再決定要不要跟隨這次的使團出發。

一五三二年，陳侃來琉球冊封尚清王時，據說隨從上下就藉由著變賣私貨，爽快地賺上了好一筆。然而那時琉球還處尚眞王所奠定的盛世階段，日後東亞情勢越來越混亂，琉球貿易每況愈下，駐留在那霸的各地商船越來越少，造成使節團成員開始賺不太到錢，東西賣不掉就得自行吸收，嚴重影響到人員的召集。

不過，在一六八三年冊封尚貞王時，隸屬薩摩的吐噶喇群島船隊趁此機會來到琉球，轉眼間就買光了清朝使節團的貨。當時薩摩爲了對中國隱瞞支配琉球的事實，表面上稱吐噶喇島是琉球屬地，所以吐噶喇島才有辦法藉機和中國進行貿易。而或許又因爲海禁的關係，使得中國商品的買氣相當熱烈。

其實薩摩在琉球的官員，有時就會扮成吐噶喇島人，暗中注意琉球與清朝使節的互動。然而之後薩摩的方針改變，不願再稱吐噶喇島屬於琉球，也嚴禁吐噶喇島人和琉球私下通商。

但中國對此並不知情，傳回福州的消息，是冊封一行發了大財，人人荷包滿滿，雙方於是資訊上出現落差。到了冊封尙敬王這回，願意同行的人員一下子暴增不少，而且大家爲了發財，還在限重內能塞就塞，整隊裝得滿滿貨物來到琉球。這批貨的財物總價値，據說就高達二十萬兩。

等到他們來到琉球時，才發現狀況跟上次完全不同。因爲吐噶喇島已經沒辦法再來琉球跟中國買賣，造成買主大減，一大批貨品嚴重滯銷。雖然琉球官方有準備了收購部分貨物的預算，但總金額也才五萬多兩，遠遠不及貨品的總價。而即使臨時向薩摩求助也來不及，何況當時薩摩的經濟狀況亦不樂觀。

爲了解決問題，首里王府爲此忙得焦頭爛額，造成重要的中秋宴和重陽宴都因此延期，可還是沒什麼好辦法。重陽宴後，隨著使節人員不滿的情緒高漲，徐葆光告訴程順則，表示已經有激進分子揚言，要是琉球再不出錢買下貨物就不走，爲此不惜放火燒船，讓大家都別想回去。程順則眼見狀況已經難以掌控，只好向中央求援。於是，在尙敬王指派下，由「國師」蔡溫開始介入處理。

蔡溫的手腕

蔡溫首先來到天使館，與使節團代表海保和徐葆光會面。蔡溫表示，如果透過翻譯來談，可能在表達上容易出現差錯，不如用寫的「筆談」，溝通上會更爲清晰。於是雙方開始以紙筆交涉，使節團認爲琉球準備不足而失責，蔡溫則回應琉球近年天災頻傳，還有首里城火災（一七〇九年，紀錄上第三次）的影響，財政上相當窘迫，爭取海、徐兩人的諒解。

某日，蔡溫因公外出時，被冊封船隊的人發現。大夥一擁而上，逼問蔡溫何時會進行貨品的評價與交易。在躁動的氣氛下，蔡溫不急不徐地表示，這麼多人一次問很難交代，因此再次祭出筆談絕招，於是蔡溫又和人群代表紙上論理了一番。以蔡溫的中文水平而言，其實直接口述溝通不成問題，但他多次藉由著書寫的方式，成功淡化了現場的衝動情緒。

蔡溫重申了琉球只有五萬兩能購買貨物的現況，雙方交涉到凌晨，決定隔天早上即以此金額爲上限，開始進行貨品評價。由於使節團成員們的情緒相當噪動，令琉球負責評價的人員感到相當不安，於是蔡溫也於這段期間進入評價所協助作業。

受到金額限制，貨品評價自然不如預期。不過再怎麼打折，五萬兩與二十萬兩的差異還是太大了，正副使又再度要求琉球想想辦法。由於已經難以再從國庫中擠出現金，王府只得緊急向各貴族個人徵調金、銀、銅等金屬財物或用品，再湊出了近萬兩。使節團感受到了琉球的誠意，徐葆光等人也出面安撫，此事才總算落幕。

冊封使隨後歸國，成功平息風波的蔡溫，聲勢在一夕間暴漲。半年後，蔡溫登上三司官的大位。

大器晚成的名門之子

言多語失皆因酒　義斷情疏只為錢　國師蔡溫

蔡溫的舊居的地址，差不多在介於首里城和單軌列車儀保站之間。如今該處的說明看板上，附圖配了由他揮毫，出自南宋《名賢集》的這兩句話。只是除了看板之外，當初的建築早已不復存，我造訪時看到的只是一塊空地，上頭還停了一輛車，就像普通的住戶私有空間一般。如果少了這塊看板，我還眞無法將眼前的畫面，和被譽爲琉球史上最偉大的政治家聯想在一起。

既然這裡離首里城僅有咫尺之遙，那麼四處都是各種琉球名士的舊宅遺址也很正常。我這回來的主要目的，其實是爲了還諾一個在社群網站上打過的賭，而要到「新垣菓子店」購買沖繩特產「金楚糕」。這個新垣家不只是金楚糕的發明者，據說過去更是琉球王國時代的宮廷大廚，雖然後來家族分道揚鑣，但座落於首里巷弄中的這家店以仍然堅持手工精緻聞名，因此雖同樣打著「新垣金楚糕」的名號，但品質與國際大街或其他觀光區常見，近乎同名的牌子截然不同，禮盒中還會附有一張記載新垣家糕點歷史的金色小卡。雖然平時總是缺貨，然而非常幸運的，即使我表示只要買一盒，且願意接受在排程中等候，輪到我時宅配到府就好（運費當然是自出），但招待我的年輕男性店員馬上決定要把已經做好，但還沒有那麼急著出貨的一盒金楚糕現貨賣給我。受寵若驚的我，一時間也只連忙道謝，事後則不斷回想猜測，或許這位好心先生，就是新垣家本代的傳人？

總之，我就一邊帶著這盒承襲自琉球宮廷的味道，一邊像捉迷藏似的，到處找尋巷弄中各種舊宅遺址。令人比較遺憾的是，大部分的地方都跟蔡溫舊宅的狀況差不多，如今已完全換成了現代宅邸的面貌，只剩下說明牌文字能證明這裡曾經存在過什麼。要講什麼比較有意思的地方，大概就是其中一位「宜灣朝保」的遺址，如今似乎是一位日本共產黨籍政治人物的據點。到頭來，這趟過程最還原琉球王國時代的實體物品，居然是我剛拿到的金楚糕。

本家新垣菓子店

那兩行被選在蔡溫說明牌上的文字，一開始看是覺得粗了些，但後來想想蔡溫這號人物，他早期因爲荒廢學業，曾遭到同輩的恥笑，後來雖然奮發圖強，但又認爲應該要爲了實用而學習，並且包含評價事件，在許多領域上繳出驚人成果，可說是從「不學無術」轉爲「無術不學」，形象確實和儒生氣息較重的程順則很不一樣。想來選這兩句沒那麼文雅，但又實在的話語，確實和他頗搭。且說起琉球史上改革有成的政治家，同列名琉球五偉人的羽地朝秀和蔡溫絕對是表現最突出的兩位。甚至伊波普猷還給予蔡溫「琉球第一政治家」、「非凡的政治天才」等等極爲誇張的盛讚。

蔡溫出身於久米漢人之後，父親蔡鐸活躍於琉球政壇，曾擔任過志多伯地頭、久米村總役等職位。而他也參與了官方外交文書《歷代寶案》的編修，以及投入另一本琉球官史《中

蔡溫舊家跡

山世譜》的編輯作業。

蔡鐸與正室長年沒有男性子嗣，由於擔心沒有人能繼承家業，所以又找來一位女性作爲側室。等到蔡鐸三十七歲時，側室才生出長男蔡淵，兩年後，正妻則生下蔡溫。

同父異母的蔡淵與蔡溫，在少年時期判若兩人。哥哥蔡淵認眞好學，往後他也擔任久米村總役、以及在朝貢貿易上有所發揮，成爲優秀的人才。然而弟弟蔡溫雖天資聰穎，年少時卻不務正業，整天玩耍。

蔡溫十六歲時，有次和久米村的朋友一起賞月遊樂。此時，一名家世低微，名叫小橋川的人，語帶譏諷地說：這回可是名士子弟們的享樂時光，而像蔡溫這種不務正業的敗類，怎麼有資格和大家混在一起。不甘心的蔡溫搬出家世，回擊小橋川只是低階士人。小橋川則說，有學問的人才有資格被稱爲士，而蔡溫肚子裡

蔡溫橋

沒半點墨水，居然還自稱士人，簡直是天大的笑話。

受此侮辱的蔡溫無法辯駁，遭遇到這回打擊之後，他決定一改前非，開始奮發向學。由於他本來就聰明，因此進步很快。一七〇八年，蔡溫以翻譯官的身分被派往福州，這一待就是三年，這三年間他學了不少學問和知識，還碰到一位「湖廣隱者」。那位隱士告訴蔡溫：學問並非只是拿來讀的，更是要拿來經世濟民之用。深感認同的蔡溫因此拜此人為師，學習陽明學等學問。蔡溫隨後於一七一〇年回到琉球，在隔年當上太子尚敬的老師。

此時的蔡溫三十歲，尚敬十二歲。爾後尚敬即位成為琉球國王，蔡溫也晉升成為「國師」。成為國王的尚敬王，仍然十分敬重蔡溫，他甚至會親自登門造訪蔡溫家，這時的蔡溫也準備茶點招待，兩人關係超越一般的國王與重臣，彼此處得十分融洽。

三司官「第四人」

蔡溫在評價事件後晉升為三司官。身居高位的他，開始徹底實踐學以致用的理念，展開一連串的改革。

首先他和羽地朝秀一樣，以儒家思想為根基，並以此編出了《御教條》。《御教條》裡頭記載著各種道德、生活規範等等。蔡溫在各農村頒布《御教條》，為了讓民眾遵守這些內容，在每月的一日和十五日時，各地的管理者都必須開會研讀，並且讓百姓們在旁聆聽，達成教育的目的。

一直到琉球王國滅亡爲止，《御教條》一直扮演著平民教科書的角色。

除了思想面，蔡溫也實際到各地巡視，頒布農事的參考書《農務帳》、針對役人職務用的《間切工事帳》，重整農村風氣。農民組織因此受到明確規範，賞罰也都是眾人一起的，於是農民們便會互相砥礪監督，強化了政府的控制。這樣的農民組織被稱爲「ユヒ組」，往後在沖繩語引申爲「ユイマール」這個詞，有接力互助精神之意。

蔡溫也著手治水層面。他主持名護羽地川的修整工事，此地曾在一七三五年因豪雨發生氾濫，沖毀了不少農田，於是成爲治水工程的首要目標。治水工程於三個月後結束，在一七四四年，這裡也立起了「改決羽地川碑」紀念，此碑後來雖一度損壞彈又重建，目前爲沖繩縣指定的史跡。除了羽地川之外，蔡溫仍不斷在各地進行治水工程，在他任內期間，一共整治了多達數十條河川。

再來，琉球在經年累月下，士族的名額已經過於膨脹。一六五四年時，士族的數量僅約三千五百多人，但到了一七二九年，士族數量已達一萬四千三百多人，足足多了有一萬人。爲了解決士族的就業問題，蔡溫鼓勵他們轉往工商圈發展，並在稅率上開出優惠的條件。另外爲了增加財政收入，他強化了鬱金和砂糖的專賣制。藉由穩定對農民的生產，加上投入工商業的士族們，琉球經濟因此更爲活絡。

另一點是山林政策。在羽地朝秀時代，曾爲了拚經

蔡溫　琉球郵票

濟而鼓勵開發森林，加上砂糖等經濟作物興起，需要大量農耕面積而砍伐林木。結果到了蔡溫時期，山林資源已經嚴重損耗。當時對木材的需求非常大，包括造房子要錢、造船要錢，平常也作爲燃料使用，林木更影響水土保持，和農活息息相關。但是，「北谷、讀谷山、越來、美里、具志川」五地的林木已經被砍光光，「恩納、金武、名護、本部、今歸仁」五地的林木則所剩不多，只剩下「羽地、大宜味、久志、國頭」四地還算有資源，可也支撐不過數十年，因此不得不正視此問題。

蔡溫於是率領眾官僚巡視森林。什麼都會的蔡溫，自然連種樹都難不倒他。他指導林木的種植、管理，頒布了《杣山法式》、《山奉行所規模帳》、《杣山法式仕次》等，設置林木砍伐的限額，以及獎勵種植。此後他又陸續制定山林的各項規範，緩和了林木資源被濫伐的狀況。這些指導與條文最後被統整，合稱爲《林政八書》。

蔡溫深知治國不易，曾說治理琉球，就好比「用腐爛的韁繩讓馬兒奔跑」。但他一手建立琉球內政的基盤，又留下大量資料供後世參考，因此在王國末期的重臣宜灣朝保，便給出了「在蔡溫之後，三司官有四人」的評價，比喻蔡溫的改革影響極爲巨大，就算他離開人世，仍繼續支撐著國家政權。

平敷屋友寄事件

當然，蔡溫主導的諸多政策，也遭致了一些反對聲浪。這些反對者們以平敷屋朝敏、友寄安乘爲首，秘密結成一個組織，企圖撼動蔡溫獨攬大權的政治現況。他們向薩摩駐在琉球的川西平左衛門投書，指控蔡溫的政策失當。但隨後投訴一事被琉球中央察覺，帶頭的平敷屋和友寄被安上了叛亂罪名，均被處以磔刑，關係者則多遭到處斬或流放。

此事是琉球史上著名的懸案之一。首先如此重大的案件，在琉球的官方正史裡居然沒有記載，而是得找當事者的家譜才有蛛絲馬跡。考慮到無論是《中山世譜》、《球陽》等官史，蔡溫都有參與其中編纂，又讓此事更具疑點。再來審判的過程中，似乎也繞過了琉球的司法體系，由蔡溫一人的判斷來決定罪刑。

因爲紀錄不詳，連帶使得這群人的反對動機，如今仍止於猜測階段。有說法認爲蔡溫推動《御教條》宣揚中國儒家思想，引發如平敷屋朝敏之類的和文學者不滿。有說法則說他們不同意蔡溫的改革，認爲那些政策會加深社會的貧困與混亂。也有平敷屋朝敏創作的組踊劇碼《手水之緣》等愛情故事，牴觸到蔡溫的道德觀，於是遭到王府的疏遠，成爲犯案動機。

《手水之緣》是什麼樣的故事呢？此劇中的主角名爲山戸，有一天山戸在瀨長山散步，正巧碰見在河邊洗澡，盛小屋大主的女兒玉津。雙方十分情投意合，玉津還親手汲水給山戸喝。然而兩人的戀情東窗事發，盛小屋大主氣得要將玉津送到知念斬首。就在行刑前，山戸急忙趕到現場，表示願意以自身代替玉津受懲處。山戸的行爲感動了行刑的官差，於是將兩人都放走，並向上級謊報已經處刑完畢。順利逃跑的山戸和玉津，總算得以長相廝守。

這齣戲就有如華文世界所熟知的《梁山伯與祝英臺》，是齣描寫超越社會地位，強調男女自由戀的故事，而且還給出有情人終成眷屬的結局。儘管現代看來沒什麼，但在當時算相當前衛。因一齣戲而在政治上交惡，雖說也是有些匪夷所思，但《手水之緣》確實也在琉球王國滅亡前長期被禁止，直到一九一八年才得以重見天日，證明曾遭打壓的事實。而平敷屋朝敏的文學才能還是獲得肯定，被稱作「琉球的在原業平（平安時代的著名歌人，《伊勢物語》主角的原型角色）」，與《手水之緣》有關的瀨長島和南城市知念兩地，都分別豎立了平敷屋朝敏紀念碑與手水之緣的歌碑。

而因爲平敷屋等人和文學者的身分，致使網路上有篇農場文章，將肅清他們的蔡溫捧成親華反日的民族英雄。但就跟羽地朝秀一樣，蔡溫能做出諸多改革，絕對也是在薩摩的支持

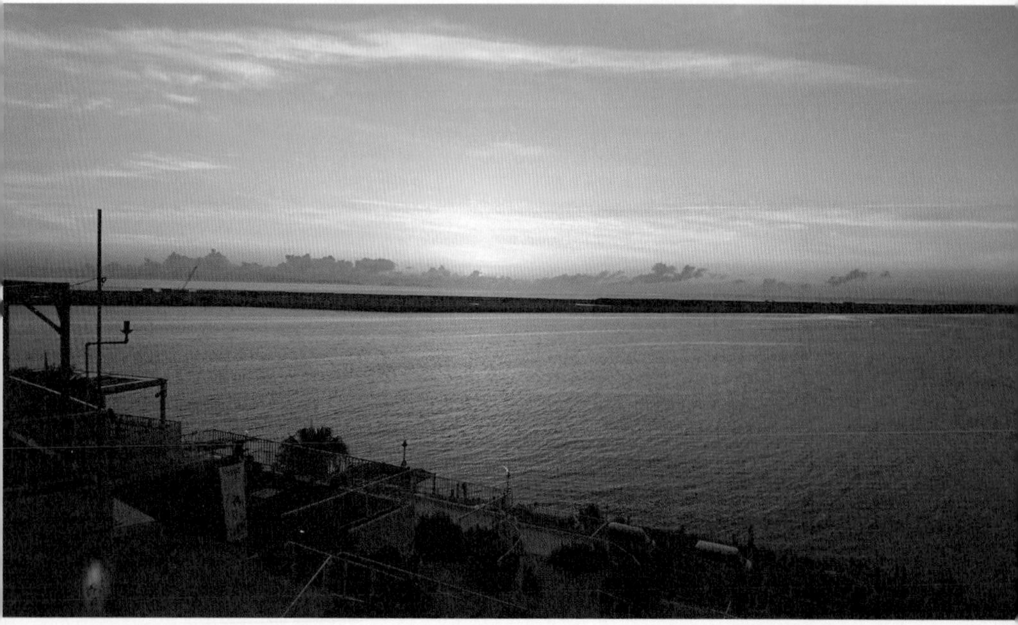

《手水之緣》的故事舞台瀨長島

下。反而是想藉薩摩之力與蔡溫鬥爭的平敷屋等人，卻「剛好」事跡敗露而被處決。且往後尚敬王先蔡溫一步去世，年事已高的蔡溫有意辭官退隱時，薩摩還特別慰留他，讓他又在朝多效力了一陣子，包括再一次負責冊封使團的貨品評價，這都顯示了薩摩對他的信任程度。將蔡溫說成反日，完全是顛倒是非。其實光說該文章想操弄反日情緒，就知道是出自哪一國之手，而他們本來就常以畸形的民族觀念扭曲事實而聞名。這除了又是另一次實例之外，還反映出在網路中文世界搜尋琉球文史資料時不可不慎，以免讀到極端的錯誤觀念。

北山巡幸

尚敬王信任蔡溫，而蔡溫也以實績回報，開創了琉球另一個盛世。一七二六年，尚敬王展開了「北山巡幸」之旅。傳說他在途中經過恩納間切時停留在一處海岬，恩納地區的民眾也出來迎接。突然在這時，現場颳起了大風雨，正當大夥不知所措之時，一名「恩納なべ」的女歌人用不輸風雨的聲音，大聲唱出：

波の音もとまれ　風の音もとまれ
首里天加那志　美御機拝がま
（浪濤停息吧／風嘯停息吧／大王從首里遠道而來／一睹其聖顏啊）

在恩納なべ的歌聲下，風雨竟然也眞的平息下來，迎接國王的活動得以順利進行。感到龍心大悅的尙敬王，便稱他們所在之處是「即使萬人也能容納得下的毛（「毛」爲草原之意）」，於是該處從此被稱爲「萬座毛」（但也有恩納なべ此段故事，應出自尙穆王時代之說）。

因尙敬王而得名的萬座毛，位於沖繩中北部的國頭郡恩納村，是非常知名的景點，甚至常常被拿來當作沖繩的自然地標之一。例如動畫版《齊木楠雄的災難》裡頭，當主角說明沖繩是一個蘊含美麗自然與文化遺產之地時，畫面上出現的就是萬座毛象鼻岩。故名思義，那是一處長得和大象鼻子極爲相似的峭壁。搭配沖繩四季都清澈見底的蔚藍海洋，如今已經是沖繩必去的拍照打卡景點。而在這一區域中，正設立著恩納なべ的歌碑。

尙敬王期間，除了延續編修《中山世譜》之外，另又命鄭秉哲、蔡宏謨等人編纂《球陽記事》。琉球目前所知的官修正史，也就《中山世鑑》、《中山世譜》和《球陽》這三本。後兩者一直紀錄到了琉球最後的國王尙泰時期，是研究琉球不可不知的重要資料。

而在三本書之中，《球陽》的內容量可說是最大的。除了官方紀錄之外，球陽另還蒐集了眾多民間口傳逸事，編成外卷「遺老說傳」。這些外卷有時和本傳的內容還有些出入。例如在尙巴志討伐北山攀安知一戰中，遺老說傳的版本爲：本部平原（在此被記爲「大原」）接受尙巴志攏絡，建議攀安知出戰後，旋即欺騙宮內妃嬪說攀安知已戰死。妃嬪們知道後紛紛自縊，等到攀安知回城稍作歇息時，卻看到滿宮的死人，以爲已經被敵軍入侵，因此在盛怒下，劈開神石後自殺。與本傳中，攀安知因爲大火而撤回城，斬殺叛徒本部平原後自盡的情節並不相同。

尚敬王於一七五二年去世。大他十八歲的蔡溫則因爲薩摩的慰留，直到一七五七年才正式退隱，並在後來寫下了《自敍傳》，是琉球史上少數撰寫自傳的人物。最後這位被譽爲琉球史上最偉大的政治家，就在留下眾多成果及著作下，於一七六二年以八十歲高齡離開人世。

沈復的〈中山記歷〉？

除了前述的徐葆光之外，不少明清使臣其實在造訪琉球時，都有留下一些紀錄和見聞。這些使臣在當代或許是一號人物，不過放到整個大歷史之中，大多數都不是太顯赫的名字。但還是有一位臺灣學子耳熟能詳，文章幾乎是中學國文固定班底的作家曾經造訪過琉球。這個人就是〈兒時記趣〉的作者沈復。

〈兒時記趣〉出自《浮生六記》，而這六記之中，據說有一條便是〈中山記歷〉，內容描寫沈復隨著清朝冊封使團，來到琉球的旅遊紀聞。坊間曾經流傳一版本的〈中山記歷〉，內容多記述作者在琉球碰到啥好吃好玩的東西。好比說他對這裡的海鮮頗爲驚奇，認爲連中國都很少見到，特別介紹了石、海蛇、海膽、寄生螺、沙蟹、蚶、海馬肉等海產。

文章另外還描述一些現今也頗爲熟知的景點畫面。例如作者曾在夜晚時，跑到波上看海，內容描述：「於是夜候潮波上。子刻，偕寄塵至波上……（中略）……丑刻，潮始至，若雲峰萬疊，卷海飛來」，為海景驚嘆不已。冊封大典進行時，也特別注意到寫著「守禮之邦」的匾額。或者他也發現，許多人在家門前立了「石敢當」牌子，好用來驅邪避兇。如今波上宮觀光客絡繹不絕，「石敢當」則除了持續在民間使用之外，也成為許多沖繩店家販售的紀念商品。

整體而言〈中山記歷〉讀來頗為輕鬆愜意。但是，這篇文章卻有個根本性的大問題：它真的是出自沈復的手筆嗎？

說到《浮生六記》，其實最早在市面上流通的時候，實際上是收錄在《獨悟庵叢鈔》的部分內容罷了。且雖掛名六記，但書中其實只寫到四記。但由於《浮生六記》受到讀者喜愛，因此銷路相當可觀。在這風潮下，一九三五年的《美化文學名著叢刊》稱王均卿得到了《浮生六記》的全本，讓後散失的後兩記〈中山記歷〉、〈養生記道〉得以問世。

但是，這兩篇文章突然出現，自然受到他人的質疑。後來經比對後，確認〈中山記歷〉裡頭的內容，幾乎是和一八〇〇年，出使琉球的李鼎元所著《使琉球記》雷同。好比在波上看海那一段形容海景「卷海飛來」等等，更是連用字都完全照抄而來。而另一篇〈養生記道〉，也被比對出抄襲自其他書籍，提供者王均卿更遭爆料，是他出錢請人杜撰這兩記，因此定調此兩篇確實是僞作。

既然文章不是沈復寫的，那麼沈復到底有沒有來過琉球呢？答案應該是有的，證據則不是沈復本身，而是李佳言曾寫過給〈送沈三白隨齊太史奉使琉球〉詩作給沈復。「齊太史」指的是冊封尚灝王的正使齊鯤，間接指證沈復也是當時使節團的一員。齊鯤在一八〇七年出使琉球，而僞作

〈中山記歷〉中記載的卻是嘉慶五年（一八〇〇年，正使爲李鼎元），再次證明該版本文章並非沈復所著。

沈復有著細膩的觀察力，擅長描寫各種生活樂趣，由他來描寫遊記可說是再適合不過了。因此無法看到眞正出自沈復手筆的琉球紀聞，確實也是挺可惜的。想想現今沖繩旅遊蔚爲話題，相關觀光書也熱賣。若有朝一日，能夠找出眞正由沈復寫琉球的眞跡，看到他在琉球逛了甚麼景點，吃了什麼美食，恐怕這些市面上這些寫沖繩旅遊書的，都得叫它一聲前輩吧。

琉球文藝復興

繁榮是提供文藝發展最好的舞臺。除了玉城朝薰與平敷屋朝敏之外，琉球在這年代還有許多音樂、藝文、美術上的人才竄出頭，可說是在文化上百花盛開，結出許多漂亮果實的時候。

首先談到音樂方面，當年重陽大宴上的組踊能獲得滿堂彩，都是多虧了一位三線大師的協助，他便是名號「聞覺」的照喜名聞仙。聞覺生來便雙眼失明，但他的三線老師，湛水流的新里朝住告訴他：天下只有不會教的老師，沒有學不會的學生，鼓勵他在三線上精進。聞覺在習得技法之後，憑著個人的演奏特色，又開創了嶄新的「聞覺流」一派，就連尚敬王也對他的音樂大爲讚賞。於是在組踊首次問世的時刻，聞覺便被指派擔任地謠重任（類似配樂，但因爲組踊的歌劇形式，演奏上需要考慮與臺詞唱和）。

聞覺除了自己琴藝高超，底下也有不少門生。他的弟子屋嘉比朝奇後來又創立了「當流」，而屋嘉比的技法又影響了知念績高。知念績高後來教出安富祖正元、野村安趙兩名弟子，這兩位分別再創出了「安富祖流」與「野村流」，兩者與湛水流並稱爲「琉球古典三大流派」，優美樂聲傳頌至今。可惜的是，承先啓後的「聞覺流」本身則在經歷一百多年後沒落。在琉球最後一位國王尚泰王的冊封典禮時，聞覺流因爲缺乏知名樂師繼承，從此退出舞臺。

在美術方面，在十七世紀前半，琉球誕生了一位天才畫師「自了」城間清豐。據說自了雖天生聾啞，但自小便過目不忘，且極具洞察力。他曾經每天觀察太陽，爾後領悟了星月恆常轉動的事實。有一次是他看哥哥練習鎗棒。自了看久了之後，不經意地露出一股神祕的微笑，好像看到哪裡有破綻一樣。哥哥覺得很不高興，但自了拿棒子下場，揮得架勢十足，有如飛龍在天，哥哥看了也只能服氣。

另一次更玄的，是有回他登山出遊，看到有隻羊從高聳處墜落，卻沒有摔死，自了就思考到底是爲什麼。過一段時間後突然領悟了，於是自己也飛奔跳下去。大家以爲他發神經死定了，結果他居然安然無恙。

這些敘事雖有誇大之嫌，但無非就是襯托自了的出色觀察力。後來他靠著維妙維肖的繪畫才能，成了尚豐王的宮廷畫師，「自了」之號便是尚豐王所賜予的。當時的冊封使來到琉球時，讚賞自了的畫作可媲美顧愷之、王維等中國名畫家。而當琉球使者將自了的畫作帶到江戶時，亦獲得日本畫師狩野安信的肯定。

可惜的是，自了留存至今的作品，僅剩一張「白澤之圖」，其餘眞跡幾乎都在沖繩戰役時燒毀，只有如「陶淵明圖」、「高士逍遙圖」等少部分畫作的照片，有收錄在鎌倉芳太郎的攝影集《沖繩文化的遺寶》之中。不幸中的大幸，則是二〇一九年首里城雖再度發生大火，但白澤之圖仍奇蹟似地幸免於難。

進入十八世紀，琉球則又出現可與自了齊名的畫家殷元良。殷元良自小便喜歡畫畫，父親曾命令他學習書法，但他仍然找畫譜偷練。結果九歲就畫出一番心得，十二歲畫功之名便已廣傳，因此被召入宮中。後來得到蔡溫賜與表字「廷器」，以及尚敬王賜與的印，後來更是擔負尚敬王御後繪(國王的肖像畫)重任。

殷元良與自了一樣，至今留存的眞跡不多，僅有「雪中雉子之圖」、「花鳥圖」等，以及部分被收錄在《沖繩文化的遺寶》的作品翻拍。由於殷元良畫風栩栩如生，因此出現了一則傳說：某次殷元良遭到奸人設計，被五花大綁即將處決。於是殷元良用嘴咬著筆，奮力畫出一幅老虎圖。畫好後，生動的老虎圖竟然眞的跳出畫來，咬死了奸人，讓他躲過了一次危機。

另外，琉球女歌人的成就，更是值得一提。「琉歌」是指琉球群島傳統的一種詩歌形式。包括玉城朝薫、平敷屋朝敏等人，也都是琉歌的創作者。而除了男性之外，這時代還出現了前述提及的恩納なべ，以及吉屋チルー兩位並稱爲雙璧的女性琉歌人。

因爲兩人皆出自民間，因此「恩納」、「吉屋」都不是眞的姓氏，而是爲求方便的場所代稱。傳說有回爲了清朝使節要到北部巡查，於是琉球官差在一處長滿松木，並能欣賞到恩納岳的景勝之地，設立禁止「毛遊」的告示。毛遊是琉球民間的一種聯誼聚會，讓到了結婚年齡的年輕人一起唱歌跳舞玩耍，而當場看對眼的男男女女，自然會產生進一步的關係，使得此活動帶有傷風敗俗的形象在，才會引起官員的警戒。見到此告示設立，恩納なべ便詠唱道：

恩納松下に　禁止の碑たちゅす　恋しのぶまでの　禁止や無いさめ

（恩納松下聳立了禁止之碑／沒想到是爲了不讓男女相戀而設啊）

語意中，似乎有揶揄王府大驚小怪，連談庶民戀愛這種小事也要管。此事後來被譜成了三線歌曲「恩納節」。

與恩納なべ落落大方的形象不同，吉屋チルー的身世卻顯得坎坷。她因爲家道中落的關係，八歲就被賣身到仲島，「吉屋」就是她所屬店家的招牌名稱。當初她到仲島的途中經過比謝橋，留下了這段詞：

うらむ比謝橋や　情け無いぬ人の　我身渡さと思て　架けて置きやら

（恨比謝橋啊／彷彿爲了讓無情的人／將我送去遠方／才架在這裡的嗎）

吉屋チルー因爲極具文采，在遊女中脫穎而出成爲紅牌，甚至還負責接應達官貴人。她因此與仲里按司相遇，雙方情投意合，但這份感情終究因爲身分差異過大無疾而終。吉屋チルー因此絕食，年僅十八歲便離開人世。

除此之外，茶道上琉球繼承日本，又開創了特有的「泡泡茶（ブクブク茶）」。工藝方面也不落人後，例如陶藝的平田典通、仲村渠致元，漆器的比嘉乘昌等人，也都是十七、十八世紀的工藝人才。而芭蕉布、紅型、書法等其他項目，也在這時代有所斬獲。甚至還有位名爲安里的宮廷煙火師，據說成功製造出具有飛行能力的撲翼機，得到「飛安里（飛び安里）」的稱呼。因此，伊波普猷便稱讚這個時代「人才輩出乃是前所未有」，是「琉球的文藝復興」。

然而，琉球王國雖然重新走出一段燦爛的盛世，但這也即將是琉球王國最後的光輝。距離琉球近一萬公尺外，英國瓦特發明了蒸氣機，工業革命如火如荼的展開。機械驅動著時代的巨輪即將席捲東亞，無論是琉球，還是中國、日本，都將捲入這場巨變之中。

第八章　終結時代的巨輪：列強和琉球處分

「波上宮」有可能是全那霸，乃至於全沖繩之中，知名度僅次於首里城的歷史文化類的景點了。許多介紹裡頭都會提到：波上宮是「琉球八社」之一，但波上宮與其他七社的討論度，差距就好比位於那霸國際大街一帶，總是大排長龍的暖暮拉麵，以及散布在沖繩及日本四處，想吃就吃不用等的暖暮拉麵分店一般（甚至相當多人不曉得暖暮拉麵起源於福岡而非沖繩）。好比也是八社的「沖宮」，其實就在奧武山公園境內，無論自駕前往還是搭電車都很方便就能到達，但就我次數不多的造訪經驗來說，那裡大致上是個寧靜祥和的地方，只有在跨年等活動時才會聚集大批人潮。倒是經過同樣在奧武山公園內的遊具設施時，經常撞見攜家帶眷的親子觀光客。

波上宮受歡迎其來有自，多數人還是把去沖繩當成去日本一樣看待，逛神社自然是體驗異國氣氛的重點行程。再者，波上宮建在斷崖之上的樣式的確特殊，從側邊或對面橋樑的角度看來更是一絕，旁邊還正好有塊精美的海灘，逛日本神社的同時，又能打卡美景。

回想起來，我經常跑到波上宮一帶，只是眞正進入波上宮園區內的次數反而不多。第一回來到此地，其實是爲了參觀「對馬丸紀念館」。對馬丸是一艘二戰期間的運輸艦，在一次疏散任務中遭到擊沉，當時船上載有大批逃難的年輕學子，大部分都因此不幸罹難，成爲沖繩二戰期間最慘烈的船難之一。直到逛完展館，我才發現大名鼎鼎的波上宮就在走路可達的距離，兩者之間僅隔著一座「旭丘公園」。

這塊公園占地有著許多段上上下下的階梯和茂密的樹叢，但幾乎沒有可供玩耍休憩的草地空間。但比這更奇妙的，是這走一趟要不了幾分鐘的地帶，居然豎立了滿滿的紀念碑。包括一樣是紀念船難的「海鳴之像（上頭還有嘉義丸、臺中丸等船名）」、或者「戰歿新聞人之碑」、「沖繩芝居顯彰碑」等等。前文曾提及鄭迵的紀念碑亦是座落於此。

在這麼多碑聚集之處，有一個位於公園與波上宮之間，算在護國寺園地內，很明顯是墳墓形式的石碑，碑文上寫著「臺灣遭害者之墓」，並刻有「仲宗根玄安」為首的多個名字。眼尖的人或許一看就察覺到，這個碑所紀念的，正是曾經漂流至臺灣遇難，造成「牡丹社事件」爆發的琉球人士。

台灣遭害者之墓

由於幾乎是中學歷史必出的內容，因此講起牡丹社事件，大部分的臺灣人都還略知一二。按臺灣史的角度，本事件的重大意義在於讓清朝對臺治理轉為積極，加速臺灣的防備與建設。但對琉球而言，此事件乃是最後一根稻草，徹底壓垮了在多方衝擊下，失去方向的琉球王國。換言之對兩地而言，這都是一個產生命運分歧的重大事件。而如此和臺灣淵源極深的碑，就蓋在滿滿觀光客，在裡頭聽到中文也不奇怪的波上宮旁邊。而它受到的關照程度，就像是波上宮與其他七社一般，不免讓人感到十分可惜。

列強東進

十九世紀，西方在無論思想還是工業技術上，都產生了巨大的變化。蒸汽機所推動著前

海鳴之像，右方可見「嘉義丸」、「台中丸」等

所未見的砲利堅船，列強們像是爭奪奧運金牌一樣，競相將世界各個角落納入版圖之中。相比野心勃勃的西方，東北亞則長期處在封閉狀態，即使是歷史悠久中國、日本等大國，仍在短短數十年間遭到超越，預告了即將到來的混亂。而夾在諸國之間的琉球，自然無可倖免地被捲入其中。

一七九七年，英國船艦 Providence 號奉命來到北太平洋，調查北海道及庫頁島等區域。後來 Providence 號在宮古島一帶擱淺沉沒，船員們轉搭小型帆船從宮古島上陸，在此補充食物和物資。船長 William Robert Broughton 在日後出版的航海日記上，詳述了他們受到當地人親切的款待，即使有些物資他其實並未開口要求，居民們仍熱心提供。

一八一六年，英國派出阿美士德（William Pitt Amherst）前往中國，與清朝交涉通商事宜。阿美士德此行最終因跪拜禮儀和清朝意見不和，未能如期達成目標，甚至連嘉慶皇帝都沒見到，種下了鴉片戰爭的遠因。

負責載送阿美士德至中國上陸的艦隊，隨後轉向東海周遭進行探查。其間他們曾來到過那霸，在琉球滯留了四十多天。

或許是因為英國本次登陸之旅僅是探勘，並沒有對琉球王府進行傳教、貿易等進一步要求，因此英艦隊和王府的相處還算融洽。琉球方派出了眞榮平房昭和安仁屋政輔兩人接應英國艦隊，並順便學習英文。

兩人很快學會了簡單的溝通，和英國人打成一片，甚至英方還主動向眞榮平提案，問他有沒有興趣一起到英國。眞榮平在考慮後，仍捨不得放棄在琉球的生活，於是回答：「I go Injeree father, mother, child, wife, house, all cry! not go, no, no, all cry!」，打出親情牌婉拒了請求。眞榮平在英國艦隊離開後，編寫了教科書《英語會話集》，安仁屋日後則在琉球教授英語，在他的學生之中，包括日後的板良敷朝忠（牧志朝忠）。

至於英國船隊在歸國後，其中Lyra號艦長Basil Hall將旅途的見聞，寫成《朝鮮半島西海岸與日本海上大琉球探險航海記（Account of a Voyage of Discovery to the West Coast of Corea and the Great Loo-Choo Island in the Japan Sea）》。書中除了再次讚賞琉球人的親切好禮之外，也做出了「琉球人民似乎不使用貨幣」、「琉球人民對武器沒有概念」、「琉球人秩序良好，路不拾遺，且在所接觸到的人民中，都相當富有且幸福」等觀察。雖然內容上不盡確實，但可以看出他對琉球之行的印象極佳，且至少也讓歐洲人認識到了琉球。二〇一六年在那霸泊港設立了「バジル・ホール來琉兩百年紀念碑」，就是紀念這位對琉球有愛的英國船長。

法國來訪

中國和英國在開港貿易上的衝突，最終演變爲鴉片戰爭，並且由現代化的英軍大獲全勝，中國割地賠款作結。這事帶給東北亞很大的震撼，此時日本仍處在鎖國體制之中，但西方列強此時仍持續叩關，希望能打開日本市場。此時的琉球王國，就被列強視爲接觸日本的灘頭堡。

一八四四年，法國的Alcmene號戰艦以遇難之名停靠那霸，隨後要求與琉球王國締結貿易關係。琉球方以小國沒什麼東西好能跟大國貿易的理由，拒絕了法國的請求，但法國仍表示日後還會再來徵詢，並讓傳教士 Théodore Augustin Forcade 留在琉球活動。

Forcade 雖然在尚育王的許可下，表面上獲得傳教的權力，但實際上將他送至聖現寺駐留，並嚴加監視他的一舉一動。Forcade 曾要求王府送他到日本，然而沒有成功。

已經預告會再回訪的法國，於一六四六年出現。這回由 Cécille 司令官帶著三艘軍艦聚集在運天港，重申開國通商一事。雖然王府又想用物產貧乏做打發，但法國早已做過詳細調查，知道琉球擁有黑糖、硫磺等物產，且已經與中日貿易多年，因此並不相信王府方面的說詞。

此事驚動了日方，薩摩藩家老調所廣鄉向幕府建議，反正本來就把琉球當外國看待，就算開港通商了，也不違背幕府的鎖國政策，而要是拒絕了，戰火還很可能燒到日本來，不如正好利用琉球曖昧的身分當作緩衝。於是阿部正弘將此事交由薩摩藩做決定，允諾必要時可接受琉球和法國通商的請求，但以不可破壞日本現狀爲原則。

當時薩摩藩主爲島津齊興與齊彬父子。對西洋本來就抱持濃厚興趣的島津齊彬，自然對與法國交流一事興致勃勃。然而雖說服了幕府，卻反倒是琉球王國這裡不太願意。理由是此過程若是讓中國知道，白紙黑字簽下合約，那也會暴露了日琉之間的支配關係，很可能因此失去向中國朝貢的資格。

結果，和法國通商一事就這麼擱置下來。Cécille 司令官後來轉往長崎，改成直接向日本要求開國，但也無功而返。Forcade 也離開了琉球。

波之上的眼鏡與牛痘

在Basil Hall那次的訪琉艦隊回到英國後，其中有成員仍沒忘記這塊令人印象深刻的小島，便組織了「琉球海軍傳道會」，招募可前往琉球傳教的對象。於是在一八四六年，傳教士伯德令（Bernard Jean Bettelheim）來到琉球。

伯德令有著出眾的語言天分，據說他在九歲時，便能以德語、法語和希伯來文寫詩。當他來到琉球時，一開始王府也不願意讓伯德令在琉球傳教，但伯德令依據前面法國傳教士的先例，主張自己也應當擁有同樣的權力。於是他被安排在波之上的護國寺居住，重度近視的他因戴著眼鏡的樣子，被稱為「波之上的眼鏡（ナンミンヌガンチョー）」。

然而伯德令的傳教活動，依舊遭到王府的嚴密限制。一八四七年尚育王過世時，他與法國傳教士正打算參加葬禮，卻遭到群眾圍毆。此事後王府對伯德令的監視又加倍森嚴。

不過在有限的範圍內，伯德令仍完成了將聖經翻譯成琉球語的工作。在傳教時，也經常隨身攜帶藥箱，治療琉球的民眾。伯德令曾向英國控訴在琉球政府待他不周，於是後來英艦來琉時，還特別對琉球質詢此事，伯德令的待遇才因而改善。

對琉球而言，伯德令最重要的貢獻，則是將「牛痘種痘法」傳入琉球。當代琉球不時流行天然痘，且致死率相當高，就算康復了，也容易留下後遺症。東洋醫學雖然有「人痘種痘法」的預防方式，但效果不彰。在無法依賴醫療解決的情況下，很多人患了此病，幾乎只能求神拜佛，令琉球醫界相當苦惱。

後來，琉球醫生仲地紀仁才意外打聽到伯德令知道怎麼治療此病。仲地紀仁出身醫生世家的，曾在中、日兩地學習過醫術，是當代的名醫，但仍對天然痘束手無策，因此他決定要親自登門拜訪，向伯德令學習醫術。以那時伯德令被監控的處境，未經許可私自接觸絕對是有風險的，但仲地紀仁管不了這麼多。伯德令也沒藏私，大方地將「牛痘種痘法」傳授給仲地紀仁。

仲地紀仁成功掌握疫苗技術後，便精挑細選牛隻後，在那霸附近開始進行預防接種。這件事後來也傳入首里王府耳中，雖然王府八成對仲地紀仁跟誰學到牛痘疫苗的心裡有數，但念在讓琉球人免於天然痘之苦有功，一八五七年封仲地紀仁為琉球醫者的最高地位的「侍醫」。

仲地紀仁　琉球郵票

現在滿是紀念碑的波上宮一帶，有兩塊正是「仲地紀仁顯彰碑」和「伯德令（ベッテルハイム）居住地之碑」，紀念這段跨國的醫療美談。雖然如此，伯德令當時始終困在此地，無法如計畫般完成傳教使命，想來肯定有著相當的不滿。而往來於景點，享受假期滿是笑容的觀光客，恐怕也很難想像曾經有位抱持著理想的傳教士，一度受困在這麼樣的地方。

黑船來琉

一八五一年二月，一艘名為冒險家號的外國船，停靠於沖繩島南部的小渡村海岸（今糸滿市）。與金髮碧眼的洋人相比，這次來訪的人很不一樣。他名叫「約翰・萬次郎（John Manjiro）」，原本他是出身於日本四國的漁夫，但在一次出海時遭遇暴風雨，遇難的他奇蹟似地漂流到無人島上，後來又被美國捕鯨船隊發現，從此他便被帶到美國，在那生活了好幾年，除了學習了英文，也見識到與日本截然不同，發展快速的西方社會。

這趟他回到琉球，目的是為了回到久別的祖國日本。畢竟身分上仍是外來者，他登錄後即遭到琉球方面的盤查，王府向他審問的成員當中，包括琉球當時少數的英語人才：板良敷里之子朝忠。

雖說是審問，不過萬次郎並沒有受到嚴厲的對待，他被安排住在豐見城見切的翁長村。滯留期間還參加了大綱引（一種用巨大繩子的拔河比賽，至今沖繩仍有許多地區會在約莫秋季時舉行）

等節慶活動，和琉球人民相處得十分融洽。板良敷朝忠也透過萬次郎，學到了關於外國的種種新奇事物。

經歷七個月的琉球生活後，萬次郎被送到日本，雖持續被監管了一陣子，但終因外語和造船等西方知識而獲得重用。平民出身的他得到賜姓「中濱」，因此被稱爲中濱萬次郎。作爲史上第一位「訪美歸國」的日本人，他對現代日本影響深遠，包括坂本龍馬等人，都曾受到中濱萬次郎的啓發。

如今沖繩糸滿市在他上陸的大度濱海岸，設立了約翰萬次郎的雕像。該雕像身著牛仔褲、襯衫背心、牛仔帽等美式服裝、手持《華盛頓傳》與他日後節錄翻譯的《Bowditch的航海學書（一八四四年版的《THE NEW AMERICAN PRACTICAL NAVIGATOR》），手指朝著家鄉四國土佐的方向。而以約翰萬次

「大綱引」拔河活動（糸滿市）

郎的傳奇經歷所寫成的傳記、藝文作品等，更是不勝枚舉。

一八五三年四月，另一位來自美國的人物造訪琉球。這人就是鼎鼎大名的馬修・培理（Matthew Perry）提督。和約翰萬次郎不同，培理可是堂堂的東印度艦隊司令官。在美國政府的授意下，他被賦予不惜動用武力，都要讓日本開國的重責大任。在抵達日本本島前，他先來到了那霸港。

在艦隊接近琉球時，培里艦隊就觀察到陸上因異國船接近，而顯得慌亂的民眾，還有在岸上打出英國旗號的伯德令。伯德令隨後和培里提督見面，將琉球的在地情報告知了培里。

琉球方面為了對應培里，將摩文仁按司任命為總理官進行交涉，但琉球其實沒有此官位，因此可說是一時敷衍之用，翻譯則繼續由板良敷朝忠擔任。培里堅持要造訪首里城，但當時國王尚泰還年幼，王府雖一度想以母后生病為由，將培里拒於門外，不過因恩河親方朝恒和板良敷朝忠等人主張應和善對應下，王府便提出在首里城以外的地點會面方案，但培里不願接受。

和過去來訪的列強艦隊相比，培里早就已經做好來硬的準備。因此在溝通未果之下，培里直接率領兩百多名士兵和軍樂隊強行登陸，浩浩蕩蕩行軍至首里城。三司官的座味喜親方見狀，還想關閉大門，但小祿親方良忠、恩河朝恒和板良敷朝忠等人，都認為這是無謀之舉。

培里的人馬備好武器，高唱美國國歌「哥倫比亞萬歲（Hail Columbia）」。自知再不好好回應，恐怕擦槍走火一觸即發，王府這才答應培里的要求，在首里城北殿接待他們。只是王府稱宴會是在「攝政邸」舉辦，但實際上後來開宴接待培里的地點，則是王家別邸大美御殿。雖然幾經波折，不過宴會上的培里心情還算不錯，他高舉酒杯，祝福國王與王太后（並未到場）身體健康，琉球人幸福快樂。

培里這次心情相當不錯的原因之一，也歸功於板良敷朝忠。除了接待得宜之外，他還告訴培里：「Gentlemen... I have read of America in books of Washington-very good man...」。美國一行驚訝朝忠的語言能力之餘，又聽到華盛頓這位美國創立者受到讚揚，自然感到心情愉快。

美軍高興之餘，正事仍不馬虎。培里的人趁機好好測量探查了沖繩島。其中，他們對護佐丸所建的中城城印象深刻，認為在沒有機械和水泥之下，仍能建築出如此堅固的城池，肯定琉球的建築技術。而培里也稱讚琉球街道之清潔，乃是前所未見。

日後培里艦隊暫時離開琉球，叩關日本，留下著名的「黑船事件」。日美簽訂了《神奈川條約》，終結日本漫長的鎖國時代。培里艦隊在東亞活動期間，總計五次在琉球上陸。而既然日本那邊都已解決，也該輪到美國和琉球締結條約了。

琉球雖然一度想用條約茲事體大，然而尚泰王還年幼，而且琉球也仍是中國藩屬等理由拒絕，但不被美國所接受。最後，琉球還是簽下了《琉米修好條約》，條約內容裁定了允許自由貿易，以及接待美國船隻等相關事項。

條約簽訂完後，琉球將護國寺的梵鐘拆下，贈與美國以示友好。隨後培里艦隊出航，傳教失利的伯德令，也趁這趟隨培里艦隊一同離開琉球。如今在那霸泊港，正可以看到一九六四年所建的「培里（ペルリ）提督上陸之地」之碑。

牧志恩河事件

西洋勢力接連造訪，使得精通英文的板良敷朝忠相當活躍，聲勢也水漲船高。過去接應伯德令時，朝忠就因其表現出色，得到島津齊彬獎賞黃金二十兩。隨著多次在對外場合立下功勞，板良敷朝忠受封牧志村，成為「牧志親雲上朝忠」，升居僅次於三司官的「表十五人」之高位。

出身不高的牧志朝忠能擔任大位，和薩摩在背後支持有密切相關。當時薩摩藩主島津齊彬熱衷於西方諸事，由於薩摩名義上仍屬幕府之下，因此他希望能透過「外國」琉球作為折衝，和列強們展開交流。包括以琉球的名義向外購買蒸汽船、對外派遣留學生、擴大對福建貿易及與開啓臺灣地區的通商事宜等等計畫。為此，薩摩派遣市來四郎來琉球主持。

當時的攝政大里王子，以及三司官座喜味親方盛普一派，對薩摩的動作相當反感。座喜味親方為了防止國家財政陷入困境，因此奉行節約，造成許多官吏的收入下滑。不滿者於是向薩摩告狀，聲稱座喜味親方發布禁酒令，影響薩摩商人做生意，還有限制甘蔗田種植，迫害農民生計等等罪狀。

薩摩本來就打算處理掉不聽話的座喜味親方，於是新納太郎左衛門受理此案後，向擔任御物奉行的恩河朝恒探詢此事，然而新納的態度擺明了就是要將座喜味定罪，因此恩河只能委婉回應，表示甘蔗和禁酒令的事他不清楚，但確實有人不滿座喜味的節用作風。結果這供詞成了壓迫座喜味的證言之一，座喜味最後在壓力下，離開了三司官一職。然而座喜味一派的人，都認為恩河是加害座喜味親方的幫兇。

另一方面，薩摩想透過琉球與列強購買軍艦的事宜也在持續進行。一八五八年八月初，市來四郎偽裝成「吐噶喇島醫生」，與伊知良親雲上，與恩河朝恒、牧志朝忠等人代表，和法國簽下合約。合約表示，琉球以十八萬五千兩的金額向法國購買戰艦，於隔年三月前交貨。交易結束後，市來四郎旋即發信聯絡島津齊彬。

然而，島津齊彬卻在八月底時驟逝，使得對外購買戰艦一事就這麼被迫中止。如何盡快和法國解約的問題讓眾人傷透腦筋，市來四郎一度想切腹謝罪，但被阻止。後來，大家想出一計：假裝吐噶喇島醫生（市來四郎）意外身亡，因此失去了金援聯繫管道為理由，向法國人提出解約請求。最後法國同意琉球支付賠償金進行解約。

島津齊彬的死，也改變整個琉球局勢。座喜味一派開始進行反撲，指控三司官小祿良忠，以及恩河朝恒和牧志朝忠等人汙衊忠良、涉嫌在三司官選舉舞弊等罪狀，三人先後被罷官、入獄。牧志朝忠深知在獄中必然遭受嚴刑逼供，一度故意認罪後，趁離開獄中的空隙對家人留下遺書，並在書中聲稱自己的清白。

在有計劃的迫害之下，三人只能在酷刑中屈打成招，並遭到定罪、流放。其中受到十餘次拷打的恩河朝恒，早已重傷染病，不久便死在獄中。此事被稱為「牧志恩河事件」。

傳說在此案期間，琉球發生許多光怪陸離之事。例如首里城內城外大量出現不知名蟲子，而這些蟲子化作黑翅紅身的蝴蝶飛舞，數量之多足以影響行人出入行走。另不時有怪光、暴雨，以及異常頻繁的地震，因此大眾盛傳，連老天爺都看不下去這場醜惡的政治鬥爭。

薩摩藩認為牧志朝忠是難得的外文人才，想延攬他到薩摩任官，於是又派市來四郎來琉球，要求琉球釋放牧志朝忠，並將他接回薩摩。然而在船隻航行的伊平屋島附近時，牧志朝忠卻墜海而死。一說他當時聲稱肚子餓了，要侍從替他拿點東西吃，結果趁眾人一個不注意便投海自盡。也有說法認為他是遭到政敵暗殺的。

無論牧志朝忠死去的原因為何，以及天地是不是真因此冤獄而撼動，在時代更易之際，琉球卻是爆發大規模的內鬥，還折損珍貴的對外人才，似乎也點起了衰亡的勢頭。

少年仁君

一八六六年八月，清朝冊封使來到琉球，為尚泰王舉行冊封典禮。尚泰王其實早在一八四八年，便以四歲幼齡登基。然而無論是琉球還是清朝，這段期間都發生不少紛擾，財政也陷入困難，只好對冊封日程一延再延。甚至本次的冊封大典，都還是琉球仰賴各方人士的金援下，才硬著頭皮舉辦成的。

琉球人想不到的是，這也將是王國史上，最後一次的冊封大典。

尚泰王雖然年紀輕輕，但是頗有仁君之氣度。一八六九年十月，擔任聞得大君的思眞牛金去世。思眞牛金是尙溫王的妻子，但當初尙溫王不到二十歲即過世，兒子尙成更是兩三歲便夭折。所以成爲寡婦的思眞牛金，後來便相當寵愛尙泰王，兩人情同親生母子。而尙泰王的生母在一八六五年過世後，另一位有如母親角色的思眞牛金也離開，對尙泰王打擊不小，還因此服了五十天的喪。

當時任職御側仕的喜舍場朝賢，也陪著尙泰王。此年的琉球國內仍不安穩，外有列強紛擾，內有颱風侵襲琉球，摧毀了大半農田。一次，喜舍場告訴尙泰王，城中開始出現了人口販賣等饑饉之兆。尙泰王聽聞後感嘆數聲，旋即不發一語。喜舍場才意識到少年國王剛經歷喪母之痛，自己又挑起沉重的話題，似乎不是時候。

但就在隔天，尙泰王馬上召來三司官，要大家超前部屬，儲備米糧預防可能的饑荒。見國王如此賢能，喜舍場大爲感動。隔年雖然飢荒依然發生，但在提前防範之下，總算是做到了避免餓死者的出現。

然而，隨著大正奉還，江戶幕府倒臺之後，日本開始明治維新，朝現代國家邁進。在「廢藩置縣」政策下，支配琉球多年的薩摩藩，搖身一變成了「鹿兒島縣」。而像是慶長琉球之役後割讓給薩摩的奄美大島等地，過去在對外場合，還可能會假裝是琉球領屬，現在也不演了，直接納進鹿兒島縣底下。

琉球長久以來對中、日雙方從屬的曖昧關係，自然不會被新生的現代日本接受。明治政府早已磨刀霍霍，準備「處理」琉球問題。

削去國號

一八七三年，琉球派遣伊江王子與宜灣親方朝保，以維新慶賀的正、副使身分赴日。兩人過去皆都曾參與牧志恩河事件的審問，而宜灣朝保事後當上了三司官，會中日英三語的他能力出眾，被稱爲琉球當代最優秀的歌人，並受到期待能幫助頽靡的琉球振作，成爲「蔡溫再世」。

慶賀使團來到東京，與外務卿副島種臣會談。琉球方因長期向薩摩藩納貢，如今碰上日本改革體制，希望能夠有所減免，並期盼日方能歸還薩摩入侵以來，琉球戰敗所割讓的奄美大島等地。副島種臣在與同僚討論後，回應：「可爲琉球處理。」

琉球使團大喜過望，以爲明治政府受理了請求，殊不知此乃副島的刻意誤導，應答不過是模稜兩可的空頭支票。日後，使團會見明治天皇。明治天皇下詔，稱將尚泰「升」爲藩王華族，並解除和薩摩的從屬關係，改受日本政府直轄。

雖然「國」變成了「藩」，但這其實也不是琉球第一次國號被取消。早在慶長琉球之役後的尚豐王時期，便一度被改成琉球「國司」，直到十八世紀尚敬王時代，才再度恢復琉球國之稱號。況且明治政府表示，即使名稱更改，「琉球藩」的內政仍由尚氏家族爲首的王府主導，與中日兩國間的關係也將持續，等於除了名字之外，實際內容並未有太大變動。使團因此同意簽字，接受了明治政府的安排。

並未意識到明治政府企圖的琉球使團們，則高興於不再受薩摩支配一事。在以天皇名義主辦的歌會上，宜灣朝保寫下〈水石契久〉博得讚賞。之後拜領「藩內融通基金」三萬日圓，廢除了在薩摩支配以來的在番奉行。使團一行滿意地回到琉球。

牡丹社事件

一八七一年十月，剛在那霸上繳完年貢的宮古島船隊，在回程途中遭遇颱風四散，其中一艘船漂流至臺灣的八瑤灣。倖存者上岸後，遇到高士佛社的原住民。雖然原住民一度收留他們並提供食物，但琉球人在不安之下，決定私下逃離部落。此舉觸怒了原住民，且擔心琉球人另有企圖，因此展開追殺行動。包括帶頭的仲宗根豐見親玄安（過去統一八重山有功的仲宗根豐見親之後代）在內，大部分的琉球人因此遭到殺害，最後經漢人鄧天保、楊友旺等人的調停下，才讓原住民收手。共計當初船上的六十九人，除了三人於上岸前溺死外，另有五十四人被原住民所弒。殘餘的十二人則受清朝安排，先送往福州的琉球館，然後再返回琉球。

這其實並非琉球人第一次遭遇海難並於臺灣上陸。根據《歷代寶案》的記載，早在一七二〇年便已有相關案例，此後類似狀況更陸續發生了數十次。畢竟兩地確實相近，海況也並不安穩。而清朝政府也幾乎確立了處理流程，都是將難民先送至福州再回琉球。

但是，明治政府有意將此案小題大作，於是向清朝提出抗議。過去臺灣也曾發生過類似的「羅妹號（Rover）事件」，曾參與過事件的美國領事李仙得（Charles Le Gendre），深知清朝在處理此類案件態度，是如何的散漫消極，因此建議日本可以藉此事作爲出兵口實。果然在交涉時，清朝只顧撇清責任，回應日本：「生番係我化外之民，問罪與否，聽憑貴國辦理。」給了日本私辨的理由。

一八七四年，西鄉從道帶著三千六百多人出發，進攻臺灣南部的高士佛社、牡丹社等部落，降伏了眾多原住民。清朝這才發覺事態嚴重，緊急派遣沈葆楨來臺，而日軍雖然出師大捷，但也碰上軍資困難與疫病之苦，雙方展開和談。中日於是簽訂〈北京專約〉，清朝賠償日本五十萬兩，其中包含撫恤金，並在條約中，留下承認日本此行動「原爲保民義舉起見」的字樣。

這句話，等於將琉球人定義爲受日本保護的「民」，間接承認「琉球是日本領下的一分子」，讓明治政府全面吞併琉球一事獲得了有力的依據。

琉球處分

就在牡丹社事件過後，明治政府的動作終於搬上檯面，大幅加速併吞琉球的行動。

一八七五年，在明治政府要求下，三司官池城親方安規率領使節團到達東京。明治政府傳達將撫卹事件罹難者家屬、賜予琉球一艘蒸汽船、與派鎮臺分營（駐軍）「保護」琉球、以及終止琉球與中國的冊封關係、改變琉球官制等事宜。言下之意，就是要強制派兵駐紮琉球，並限制王府的行政和外交權力。由於茲事體大，尚泰王聞訊後驚訝得食不下嚥，就此病倒。

面對明治政府無理的要求，琉球群情激憤，認爲日本敢這麼明目張膽地威脅琉球存亡，乃是當初接受藩王一事種下大禍。由於當時的正使伊江王子爲王族之人，不好對其批評，於是眾人撻伐的炮火，便集中在副使宜灣朝保身上，罵他是「賣國奴」。宜灣朝保在壓力之下，只好辭去三司官之位，繼任者爲富川親方盛奎。

七月，日本派松田道之來到琉球，重申駐兵、官制改革和終止中國冊封之事外，另還有琉球派人至日本學習現代法規、藩王必須爲征臺謝恩上京等要求。三司官無法立即做出決定，便先召集眾人商議。

討論數天後，琉球方同意派遣人員赴日研修，但拒絕尚泰王上京一事，改由今歸仁王子代理；冊封一事則表示很難變動。沒想到松田道之絲毫不讓，雙方一度僵持。

與此同時，郵便報知新聞報導：中國北京當局下令，要福州派軍艦前往琉球護衛的消息。琉球方知道此事後士氣大振，盼望藉由清朝的力量，就能替琉球解危。但松田道之沒有太多動搖，仍保持一慣的強硬態度，回應道：「新聞報導未必屬實，即使眞有此事，日本政府也會應對，請琉球不要想太多。」

尚泰王雖臥病在床，但知道事情緊迫，一度想遵奉日本的命令，但遭到前三司官龜川親方盛武的龐大保守勢力之反抗，最後只得收回。爲求自保，琉球派遣林世功、蔡大鼎、幸地親方朝常三人出航，先假裝要去伊江島，但中途便轉向前往中國，打算直接向清朝求援。池城安規之後也一直駐留在東京請願，最後客死在異鄉。

此時琉球國內保守派聲勢巨大，即使宜灣朝保已經離職，但當初承認琉球藩一事仍飽受攻訐。宜灣朝保最後於一八七六年，在失意中離開人世。他有句詩歌是這麼寫的：

野にすだく虫の声々かまびすし
たが聞き分けて品定めせむ
（野外蟲群聲紛擾／誰又能論其是非呢）

宜灣朝保日後被評價爲「琉球最後的大政治家」，伊波普猷也將他選爲「琉球五偉人」之一。在批評聲浪中，他是簽下喪權條款的頭號戰犯。但也有另一種解釋認爲：宜灣朝保曾以進貢使身分出使中國，他既見過太平天國、第二次鴉片戰爭下混亂不已的大清帝國，也目睹維新後改頭換面的日本。深知傳統觀念已經不

宜灣朝保舊家跡，一旁為一位日本共產黨政治家的據點

再足以理解當今世事的他，了解琉球同時從屬兩國的現況不可能持續，必然要往一邊靠攏。而他最終選擇了日本，只是他沒料到明治政府的態度會如此強硬，連琉球王國之名都容不下。且那些拒絕明治政府併呑琉球的保守派，許多人的動機並非是爲了琉球，而是出於怕自己的地位不保的私慾。

爲了救國，富川盛奎等人也尋求西方列強的協助，但大多遭到拒絕或虛委以對。明治政府知道事情拖長，可能出現變數，決定要徹底解決琉球問題。

一八七九年一月，松田道之挾著「琉球處分官」之名來到首里城，召集藩王代理今歸仁王子和琉球眾臣，責問琉球爲何違反命令，私自清朝往來等事，並要琉球在期限內給予答覆。此時琉球仍期盼清朝與各國出手介入，並且還在等待幸地朝常等人回報，便要求期限延期與再上訴，以利爭取時間。

顯然，明治政府已經不願再等下去。三月，內務卿伊藤博文起草琉球處分案，內容包括：立刻頒布制縣命令、設置裁判所，將藩王尚泰帶至東京，伊江王子和今歸仁王子也必須移居東京、並決定調動警力，如琉球不服則展開鎮壓，如果抵抗激烈，也可以動用軍隊等等。

月底，松田道之帶了官吏三十二人、警察一百六十人、熊本鎮臺分遣隊四百人來到琉球。百般無奈之下，尚泰王只得交出首里城，暫時轉居中城御殿。日本任命的初代沖繩縣令爲鍋島直彬，結束了「琉球王國」的統治，開啓「沖繩縣」的時代。

宜灣朝保　琉球郵票

由於尚泰王稱身染重病，移居東京事宜延遲到五月底，一行人才從那霸港出發。然而，本來以為會是哀戚至極的場面，人們卻顯得意外從容。原來，過去薩摩入侵時，尚寧王也曾被俘虜至日本，大家那時也擔心琉球就此亡國，但結果是尚寧王最終得以歸國，尚氏政權仍然持續。而大家也相信中國清朝不會坐視不管，援軍必將到來。

脫清人的抵抗

許多琉球士族不願接受日本統治，選擇流亡到中國，繼續尋求大清王朝的援助。這些在琉球處分前後赴中的人，被稱作「脫清人」。

清朝本身方面，出現針對日本併吞琉球問題的〈琉球三策〉，上策為以責問朝貢中斷之名，直接派軍到琉球，向日本宣示主權；中策為先向日方抗議，如果日本態度強硬，就實際展開行動，與琉球反抗者裡應外合；下策則為以文攻據理力爭，日本不聽就繼續凹，「言之不聽時復言之」，但無法期待實效。

李鴻章見此三策，認為前兩策不可能，且以琉球重要性而言也沒有大動干戈的必要，因此只採行下策。於是清朝駐日大使何如璋向日本表達抗議，認為琉球自古接受中國冊封，日本併吞之舉，違反了中日兩國互不侵犯條約。但日本外務卿寺島宗則反駁，說琉球本來就是日本領土，琉球乃是日本內政問題。雙方各執一詞。

此時，美國前總統格蘭特（Ulysses S Grant）造訪中、日兩國，以避免開啓戰端前提，在兩國間居中調停。於是中日雙方展開談判，日本提出沖繩本島及以北屬日，以南的宮古島、八重山地區等屬清朝的構想。前琉球進貢使（也是琉球史上最後一位進貢使）國頭親方將此事報告給幸地朝常，幸地則認爲此條件不能接受。

李鴻章於是提出三分案：沖繩本島以北歸日本，本島與周邊離島歸琉球國，南歸清朝。此時中日雙方國境北部，都遭受來自俄羅斯的威脅，因此有意各讓一步結成同盟，便回頭討論二分案。日本願意接受琉球在宮古八重山復國的條件，由於尚泰王對於復國興致缺缺，李鴻章打算立幸地朝常（漢名向德宏，尚育王女婿，尚泰王的姊夫）爲王，可是幸地朝常認爲八重山地區貧瘠，不足自立，拒絕這個提案。

然而，二分案即將談成生效。眼見事態危急，琉球的林世功決定直接殺到北京，向總理衙門遞交請願書。接著留下辭世之詩後，揮劍自殺，以死表達抗議，享年四十。

古來忠孝幾人全　憂國思家已五年
一死猶期存社稷　高堂專賴弟兄賢
廿年定省半違親　自認乾坤一罪人
老淚憶兒雙白髮　又聞噩耗更傷神

林世功的死諫，確實激起清朝的同情。清朝賞賜白銀兩百兩，將林世功葬在張家灣。二分案也因此延滯。雖後有尚家可重回沖繩執政，只是政權仍歸屬於日方的提案，但始終沒有進展，琉球案就這麼懸而未解著。

開往臺灣的軍艦

琉球方面，對於「沖繩縣政府」的統治，原琉球士族先是採取不服從運動。但一八七九年八月，沖繩縣政府開始搜捕抵抗的士族，包括浦添朝昭與富川盛奎等前三司官都遭到逮捕。結果，兩人以擔任縣顧問官爲條件，換得眾士族的釋放，並承諾日後會乖乖遵從縣政府。不過，富川盛奎後來也逃亡到中國，成爲了脫清人。而和許多脫清人一樣，最後這位末代三司官在中國離開人世，沒能回到琉球，更沒等到復國的那一天。

日後，清日雙方因朝鮮問題走向開戰一途。琉球人曾建議清朝派兵攻打沖繩，並祈求清朝能在戰爭中獲勝。然而甲午戰爭的結果，卻是清軍一敗塗地。此後清朝不再具有和日本討價還價的本錢，別說是琉球，就連更往南的臺灣、澎湖，也被迫割讓給日本，一舉粉碎了琉球遺族依靠清朝復國的幻夢。

琉球人期待清朝軍艦的到來，盼啊盼地好幾年。最後，來的卻是即將前往臺灣，暫時在中城灣停留的日本軍艦，宣示日本大勝的事實。生於琉球處分前夕的伊波普猷便記述道「明治二十八年（西元一八九五年）三月，我們終於升上五年級……（中略）由於日本的勝利，連鄰近的臺灣都成爲日本的領土，御用船可以經由那霸開過去，即使是那些頑固黨的人們，也不得不相信日本的勝利。」

自尚巴志、金丸以來，歷經四百餘年的琉球王國、尚氏王朝，就此下臺一鞠躬。然而，生來見證琉球復國大夢遭到粉碎的伊波普猷，卻是一磚一瓦，慢慢地保存、重建了這個國家的記憶。「琉球王國」之名確實煙消雲散，可任憑政權瓦解，宮殿名城化爲古蹟，甚至失火燒毀，但琉球王國的故事，總會找到新的方法，繼續傳頌下去。

餘聲：落幕之後

化為泡影的「南洋道」

沖繩的氣候、物產，乃至於在地人的性格，和臺灣都非常的相似。隨著馬關條約臺灣割讓給日本，沖繩和臺灣也真正成為同個國家的鄰居。不同的是沖繩雖然早一步進入日本統治，但或許是日方對於臺灣的治理較為積極，加上本身的物產條件，因此發展程度很快就超過沖繩縣。

一九〇八年，日本議會提出了「南洋道」計畫。這邊的「道」與「北海道」一樣，是屬於「都道府縣」的一種政治區塊的劃分，預計包含沖繩、臺灣等島嶼，並且中心將會是臺灣總督府。日本的考量在於沖繩難以經濟獨立，成為中央政府的負擔，因此想藉此將沖繩轉移至臺灣底下。

雖然當時的前沖繩知事，手段強硬而被譏為「琉球王」的奈良原繁也支持這個計畫，但沖繩本地的輿論卻非常不能認同。站在沖繩立場來說，編到臺灣底下是一種矮化，且雖然同樣是被日本統治，但沖繩縣是日本中央的直轄屬地，臺灣卻是後來的殖民地，不能混為一談。結果南洋道的計畫最後取消，但與臺灣相比，日後沖繩的發展確實差了一截，往後當臺灣建立起帝國大學和高樓層的百貨公司時，沖繩本地都還沒有類似的設施。

有許多沖繩人到縣外及海外尋求工作機會，包括來到臺灣。其中最具代表性的人物之一，就屬在臺二十餘年，以鐵路技師身分參與不少工程計畫，往後還回沖繩當上那霸市長的照屋宏。

牡丹社事件的後續調查

琉球人在臺遇難，引來日軍登陸的「牡丹社事件」因清朝處理瑕疵，讓日本逮到機會併吞琉球。這同時是反映出沖繩與臺灣地緣相近，近代史上多有糾纏的案例之一。然而這整件事情的經過，卻是要到事件發生後再五十多年後，才更進一步的釐清。且這件事情的過程，正與照屋宏有關。

一九二五年，事件生還者島袋龜年事已高，想趁著餘生答謝當時救助他們的漢人，於是找上當時在沖繩縣圖書館擔任館長的伊波普猷。透過伊波普猷的介紹，島袋連絡上了當時在臺灣的照屋宏。

而對於島袋過了五十幾年仍念念不忘此事之舉，照屋深受感動，於是全力展開調查。他發現當時現存的罹難者名單還有漏誤，於是想盡辦法調閱資料，也抽空回到沖繩，直接找上島袋本人。最後，他總算確認了五十四名事件被害者的姓名。

雖然在牡丹社事件結束後，日軍有在當地建「大日本琉球藩民五十四名墓」，但是沒有留下名字。照屋宏認爲墓碑有改建的必要，於是發起捐款，最後募得五百圓的改建經費，其中三十圓是照屋宏自掏腰包，且往後工程出現經費問題時也是他自己貼錢補。臺北沖繩縣人會也趁此機會，在一九二八年完成了《牡丹社遭難民墓碑改修報告書》。

此次調查也發現，過去遇難者爲普通漁民的說法有誤，眞正的成員應該是來自宮古島的納貢船。帶頭的仲宗根玄安，是十六世紀整合宮古島成爲首領，並幫助琉球王國攻下八重山群島和與那國島的仲宗根豐見親之後，一行也多是相關的官方人員。至於「漁民說」確切出處從何而來，便成爲一個問號。即便是「琉球藩」時期的報告，也是稱六十九人中，四十八人是宮古島各官吏主從。

不過可以確定的是，漁民說的流傳之廣，即使在現今仍存留。好比目前在臺灣，很多課本仍寫著牡丹社事件的罹難者是琉球漁民，日本也同樣殘存著以爲是琉球漁民的誤解。筆者自己也在國家機構參與等級的學術研討會中，聽過與會的臺灣教授講了「琉球漁民」。雖然只是一個小地方，但在眞相已水落石出後近百年，這樣的錯誤還是存在，足見謠傳之力令人生畏。

尙泰與尙家之後

在琉球國滅亡後，尙泰從國王變成日本華族來到東京。由於明治政府發給尙泰「金祿公債」，所以經濟上不成問題。然而，初期尙泰與其他的日本華族交流甚少。這有可能是尙泰本身體弱多病，以及也有尙泰日文不好，不便與人交談之說。總之這樣低調的行爲，讓日方紀錄上對尙泰的形象著墨不多。

當時明治政府的官員尾崎三良曾記錄：有次他正準備出差至沖繩，於是先去拜訪了尙家。但在會面時，尙泰不發一語，尾崎更隱約感受到尙泰似乎沒聽懂他所說的話。這個「不說話」被一些意見解釋爲是對日本政府「無言的抗議」，但也有人解釋，認爲尚泰不久之前仍是一國之君，和日本官員的交涉、言談，都是由他人代勞、傳達，因此還不習慣自己開口與日本人談事。而在尚泰官邸，都有懂日文的琉球人隨時支援，自然也維持這個習慣。

一八八四年，尚泰以要會見高齡祖母及參拜祖墳等名義，獲得歸鄉百日的許可。當時他與沖繩第四代縣令西村捨三同船，雙方有著交流和歌的紀錄，因此也不像完全不懂日文。而日方雖允許尚泰成行，但也開出要他出面安撫琉球士族與民眾的條件，以及因擔心某些琉球人士想「挾尚泰以復國」，於是警告要是發生意外狀況，日本警察會立刻出動「保護」尚泰，限制他的人身自由。

尚泰並沒有抗拒這些。以他的行爲來看，對於琉球復國，他本人似乎一直顯得興趣缺缺，甚至還因此被部分琉球舊臣批爲軟弱。而且尚泰長期健康狀態不佳，一八九〇年，尚泰雖成爲貴族院議員，但居然沒出席過任何一次委員會。一九〇一年八月十九日，尚泰因病過世。尚泰的靈柩被送回沖繩，葬在玉陵之中。

沖繩有一句「命どぅ宝（生命乃無價之寶）」，經常被作爲反戰和平的標語使用。其出處來自於山里永吉在一九三二年創作的戲曲《那覇四町昔氣質》，劇中的尚泰王在與臣下訣別時，詠唱道：

いくさ世もしまち　みろく世もやがて　嘆くなよ臣下　命どぅ宝

（紛亂之世將結束／安穩的日子終於到來／眾卿無須嘆息／生命乃無價之寶）

對照往後的沖繩，在二戰中先是遭到美軍空襲，那霸市化爲焦土，接著陸上戰又因爲日方的教育與決策，造成過多不必要的犧牲，且戰後的美軍基地問題，更象徵著戰爭陰霾揮之不去，使得這句在近代已是沖繩的靈魂標語。但也讓部分人誤以爲出處爲眞實的尙泰親口所說，實際上僅是創作家之言。

尙泰死後，長子尙典繼承其爵位和議員身分。次子尙寅則在尙泰死前，就試圖與其他琉球遺族發起「公同會運動」，要求日本政府讓尙家擁有沖繩縣的行政權，並且擴大沖繩的自治權力，但日本政府不爲所動。此外在沖繩民間，尙家也有許多活動，如尙泰的四子尙順，就創立了琉球新報與沖繩銀行。

尙家一族血脈至今仍存在，在第二十二代當主尙裕時期，他將尙家所藏的古文物、衣服、

那霸歷史博物館

刀劍等一千多樣文物捐出，並無償將玉陵、識名園等地讓給那霸市。其子尙衞也陸續捐出文物，並在二〇一八年恢復在玉陵舉辦的清明祭祖。尙家或許不再是國王，但仍是對近代沖繩具有影響力的一號家族。

如今許多琉球時期的文物，都能在位於縣廳前站，與琉貿百貨比鄰而居的「那霸市歷史博物館」中看到。這座博物館的空間並不大，相當於百貨公司數個櫃位的總和，加上有一半展出爲那霸市文史資料，因此只造訪過幾次，絕對沒辦法看齊所有尙家文物。不過博物館方倒是很大方地，將大部分文物的照片擺在官方網站上，一些條目還有附上中文在內多種語言的解說。這還是早就行之有年的服務，而非對應疫情的臨時作爲。

琉球獨立運動與國民黨

琉球末期寄望清朝能保住國家，但沒有奏效。爾後清朝垮臺，民國政府建立，這樣的期望又多少被帶到了新政權身上。代表人物之一便是新垣弓太郎。

生於琉球王國末年的新垣弓太郎，曾到東京留學過。在甲午戰爭後，他以日本巡查的身分來臺效力。但一八九七年，新垣在鎭壓行動中身受重傷，只好先行離臺，又回到了東京。

他在東京專門學校（今早稻田大學）任職，並一邊經營「下宿屋」（出租房）。此時，有許多朝鮮、中國的留學生來東京求學，但遭到日本人排斥，找不到住宿的地方。新垣於是把房間空出來，提供這些留學生居住，其中便包括了宋教仁。新垣於是和國民黨搭上線，之後孫文成立「中國革命同盟會」，新垣的下宿屋也成了活動據點。

後來，新垣受到宋教仁的邀請，到中國援助革命運動。在革命軍中，新垣官階一度升至上校，據說孫文還送他「熱血可嘉」的匾額以示感謝。但因爲五四運動發生，中國的反日情緒高漲，孫文認爲新垣繼續待在中國有危險，勸他先離開。

新垣在一九二三年回到沖繩，過著退隱農耕的日子。然而九一八事變後，新垣因爲和國民黨的交情匪淺，被日本軍方視爲危險分子。一九四五年沖繩戰爆發，新垣帶著妻子逃亡，但妻子卻慘遭日本兵射殺。因爲這層仇恨，使得戰後的新垣便高唱「琉球獨立論」。

除了新垣之外，戰後在臺灣的赤嶺親助、喜友名嗣正等人，都強烈反對日、美對沖繩的統治。他們在報刊發表文章，表達琉球與日本不同的立場，認爲日本長期歧視琉球民族。兩人隨後結成組織「琉球青年同志會（後改名爲「琉球革命同志會」）」。喜友名嗣正漢名「蔡璋」，是久米三十六姓之後，祖籍福建泉州的安南。他主張琉球歸屬中國（中華民國），如果不歸中國，則必須獨立。

算在二戰勝利方的國民政府，確實也有意藉著曾經是「藩國」的關係，試圖「收回」琉球。外交部長王世杰認爲，琉球本來就是中國的領土，只是戰後被美國管轄，因此正可聯合琉球革命同志會在沖繩活動，激起沖繩民意，往後可藉由人民投票等管道，讓琉球歸到中國轄下。

然而，因爲國共內戰失利，國民政府被迫播遷來臺，必須倚靠美國延續政權，從此難以再有大動作兼顧琉球議題。受到美軍管轄的沖繩，在一九五八年正式以美金爲通用貨幣，引發了美國可能不會把沖繩交還給日本的猜想，於是喜友名便和大宜味朝德籌組了「琉球國民黨」，持續琉球獨立運動，黨綱由喜友名制定。

不過，當時沖繩人以訴求回歸日本爲主，因此喜友名等人對沖繩民意的影響效果有限。一九六七年，喜友名不滿「臺灣省聯合商會事務所」徐經滿的作爲，認爲他透過在沖繩販售臺灣香蕉牟取暴利，並將這些事情告訴了琉球大學「中文研究會」的學生們。結果學生們情緒激昂，到處張貼控訴非法華商的傳單，並襲擊商會事務所，砸壞桌椅窗戶等等。事情過後，喜友名和國民黨關係變得疏遠。

此後喜友名的影響力越來越低，即使在一九七二年，沖繩正式回歸日本後仍持續宣傳自身理念，但成效甚微，最後於一九八九年去世。琉球國民黨則在一九七七年，因大宜味去世而解散。雖然琉獨派還有如一九七〇年成立的「琉球獨立黨（現改名爲「嘉利吉俱樂部（かりゆしクラブ）」）」等，並曾試圖競選，但二〇〇六年的沖繩知事選舉僅獲得百分之零點九三的得票率。現在雖然仍有沖繩獨立之說，但多半停留在概念階段，如討論獨立之後可能的經濟、軍事等面向。衡量目前現實狀況，認爲琉球有辦法獨立的聲浪極小。

然而，即使沒有「國家」獨立出來，但琉球文化仍健在，沖繩仍然是日本諸多都道府縣當中，有著最濃厚、最特別，乃至於「不像日本」色彩的一個地方。走在街上，走在離島，走在古城遺跡時，或是品嚐美食，與人談話，聆聽樂聲，欣賞演出，都能夠再一次的感受到，這裡是沖繩，或者琉球。組踊仍在起舞，三線仍在吟唱，而不管燒毀幾次，首里城遲早都會再次重建，再次聳立於沖繩的土地上。

後記

兩年之前，我因爲武漢肺炎疫情的關係，打算暫時從沖繩返回臺灣。並在回臺不久後，完成了這本書的初版草稿。

沒想到，武漢肺炎疫情就這麼延燒兩年仍未平息，而我這段期間，也沒能再去沖繩。當初完成的草稿，原先更以爲在幾個月後就能出版，結果一再發生變故，如今才總算要問世。

我研究沖繩的時間絕對不算長。二〇一七年，我才第一次踏上沖繩島，在當地既特別，又與臺灣相近的氣氛之下，我開始興趣使然地想瞭解沖繩的一切。結果當我要查詢琉球歷史時，赫然發現臺灣在這部分極爲缺乏，比起滿坑滿谷的沖繩旅遊手冊，市面上幾乎找不到幾本談及「琉球王國」歷史的書。像是唯一一本翻譯自高良倉吉教授的著作，其實原著已經是一九八〇年代的作品，有些內容和現況已有隔閡(例如文中的首里城在歷經戰後摧毀尚未重建)。且高良教授雖然專業度無庸置疑，然而書中只寫到「古琉球」的部分，亦即只到一六〇九年薩摩入侵前爲止，並未介紹到近世琉球，難免感到缺憾。除此之外，就只剩陳捷先教授的研究(偏向專題式，著重在探討明清中琉關係)，以及有琉球相關論文集，花了幾十頁的篇幅做概略性介紹而已。

對琉球歷史的缺乏，也不只反映在書市而已。我有次參加文學研討會，聽到與會教授在評論一篇關於巴代小說《暗礁》的論文時，該教授多次脫口而出「琉球漁民」四個字。即使《暗礁》作品本身有做過考據，並沒有搞錯遭難者身份的狀況，但還是能看出「琉球漁民說」已經太過氾濫，上至專業教授，下至中小學基礎教育，都還是有不少人沒有釐清。

又或者某一次，沖繩縣立博物館舉辦臺灣特展，同時少不了兩地專家學術交流。不過看了特展刊物，我發現沖繩方的學者能講沖繩，也能講臺灣，更能侃侃而談沖繩與臺灣。反而是某些臺灣學者的文章，只侷限在介紹臺灣而已，有許多其實可以和沖繩拉上關係的點，例如原住民或者明鄭等等，還是只有介紹到臺灣自己。直到牡丹社事件，才終於會提到兩地的關係（慶幸的是，這回至少沒看到琉球漁民）。或許這些學者，本身並不是沖繩專業，因此主講臺灣也是無可厚非。不過這麼一來，問題就換成了：那爲什麼即使到了這樣的場合，卻還是缺乏能談沖繩的人呢？

既然沒辦法從中文資料中，得到夠詳細、夠完整的琉球文史，我只好回到沖繩。從二〇一九年開始，白天在渡假飯店工作，幫客人check in、check out，晚上擠點空閒時間，讀一讀各種介紹琉球王國的書，放假有空，則出門踏訪各地，特別是找尋那些不爲人知的石碑、舊跡等。

久了，心中就出現想法：既然沒人寫這塊，那不如我自己來？我知道這件事並不容易，儘管低空考過了沖繩歷史檢定，可是我本來就不是什麼歷史專家，也深知自己對沖繩史的瞭解仍不夠透徹，眞的要作一本夠格的歷史書籍，哪怕只是科普個大概，還是由專業的人來做比較妥當。但很顯然地，幾十年下來，並沒有人出面完成這本著作。明明是離臺灣最近，歷史上和臺灣有許多關連的地方，疫情前也有接近百萬的觀光遊客到沖繩，卻找不到一本能夠讓讀者初步，一定程度瞭解「琉球王國」的書。我不認爲這等於幾十年來，臺灣連一位懂沖繩、琉球的專家都沒有。但事實就是，這樣的非虛構作品幾乎不存在。

我對此感到非常失望。如果已經有這樣的書存在，我就不會有動念要寫的想法，而現在我勉強能寫卻選擇不寫，未來也將會對自己失望。不過開始動筆之後，也加強了研究的力道，結果不只是爲了分享，我自己也更補足到許多原先一知半解的部分。

我本來就是寫小說爲主，比起眞正的歷史學者，我會更注重在人物、事件的描寫上。也期盼這樣的寫法，可以增加一些文章的趣味性。再來，我的參考資料雖多是沖繩方面的出版刊物，畢竟我是臺灣出身，當有與臺灣相關，或者讀者比較熟悉的東西出現時，我也會盡可能寫進文內。例如站在沖繩立場，並不會特別介紹沈復有沒有去過琉球，但既然這是一位臺灣多數讀者熟悉的人物，想來就有特別介紹的價值。

即便如此，果然想要出版一本冷門歷史題材的書籍，還是一件不容易的事情，甚至可能比寫作本身還要困難。在這兩年，這份稿件投稿後最常有的回應，往往是「內容沒問題，但題材熱度……」，甚至還發生一度簽下合約了，結果進度一拖再拖，最後走向解約的狀況。或許過去也並非沒人願意出手，但在出版現實這一層面胎死腹中也說不定。

如今時報出版社總算願意出版此一著作，總算是鬆了一口氣，實在要非常謝謝出版社願意提供這個機會。有趣的是，這一拖延至今，恰巧是沖繩回歸日本的五十週年。沖繩在戰後至一九七二年這段期間，都是由美軍政府統治，直到一九七二年五月，才正式「沖繩返還」回歸日本統治。如今五十年過去，儘管沖繩有「越來越像日本」的趨勢，但百年前曾是不同國家，不同命運的過往，所孕育出來的不同文化、民族性，還是有許多一看就知道「日本是日本，沖繩是沖繩」的地方。文中就有許多地方提及現代沖繩與琉球王國的關連，亦有圖片佐證。

這本出自我微薄淺見的著作，肯定有許多不足之處，也有許多地方本來預計要去探查，結果因爲疫情返國的關係未能如願。但如果在未來，當有人對沖繩文史感到興趣，或者在觀光之餘，想瞭解一些更爲深入的東西，這本書能夠起到一點作用，就不枉費過往的辛勞了。

最後，希望首里城的重建一切順利，二〇二六年準時再次重生。

二〇二二年六月

大事年表

時期	年分	歷代國王	琉球要事	東亞情勢
上古時期／天孫氏	未知	天孫氏二十五代	・天神阿摩美久下凡，創造琉球島 ・天孫氏指導人民耕種、曬鹽、烹飪等生活 ・天孫氏共傳位二十五代，歷經一萬七千八百二年，但沒留下書文紀錄 ・607年，隋煬帝遣朱寬至「流求」。 ・天孫氏臣下利勇叛變弑君，天孫氏政權滅亡 ・源爲朝來到琉球，生下尊敦（舜天），之後回到日本 ・舜天推翻利勇，成爲國王	・隋煬帝先後命朱寬、陳稜至「流虬」，但語言不通，只抓了一些人回去交差

舜天王朝	1187年~1259年	舜天（在位51年） 舜馬順熙（在位11年） 義本（在位11年）	・舜天髮型結髻於右，眾人紛紛效法 ・義本王年間天災頻傳，喪失半數人口 ・英祖攝政七年，災禍漸息，天下大治 ・1259年，義本禪位於英祖	・1185年，日本鎌倉幕府成立 ・1206年，鐵木眞建立蒙古帝國，號「成吉思汗」 ・1219年，蒙古第一次西征；1235年，蒙古第二次西征 ・1234年，金朝滅亡 ・1235年，蒙古開始出兵南宋

英祖王朝	1260年～1349年	英祖（在位40年） 大成（在位9年） 英慈（在位5年） 玉城（在位23年） 西威（在位13年）	・1261年，於浦添築墓，將其命名爲「極樂山」 ・1264年，久米、慶良間、伊比屋等離島開始入貢 ・1266年，奄美大島入貢 ・咸淳年間（1265年～1274年）僧侶禪鑑來到琉球，佛教開始傳入 ・1291年，忽必烈改「流求」爲「瑠求」，並派楊祥帶兵征伐，但還未至琉球便返回 ・1296年，張浩再次出兵進攻瑠求，但無計可施下，僅俘虜一百三十人返國 ・玉城王貪杯玩樂、怠惰政務，琉球分裂爲中山、北山、南山三國（另有他說） ・西威王時期王母專權，政風敗壞。 ・西威王去世後，眾人廢世子，擁立浦添按司察度爲中山王	・1271年，忽必烈定國號爲元 ・1276年，元朝攻陷臨安 ・1276年，郭守敬制定新曆法 ・1279年，南宋滅亡 ・1331年，日本進入南北朝時代 ・1336年，室町幕府建立

三山時代	1350年～1429年	中山： 察度（在位46年） 武寧（在位10年） 尚思紹王（在位16年） 尚巴志王（含統一後共在位18年） 北山： 今歸仁（在位年未知） 怕尼芝（在位年未知） 珉（在位5年） 攀安知（在位21年） 南山： 大里（在位年未知） 承察度（在位年未知） 汪應祖（在位11年） 他魯每（在位25年）	・1372年，明太祖朱元璋改改「瑠求」爲「琉球」，派楊載至琉球 ・1374年，察度派弟弟泰期朝貢明朝，開琉球朝貢中國之先河 ・1383年，明太祖派人令三山之間停戰，但琉球仍分裂 ・1392年，察度派三人至明朝國子監留學，爲琉球人首次入監留學 ・1392年，察度請求引介中國移民，於是明太祖賜閩人三十六姓 ・1404年，明成祖冊封武寧爲中山王，爲琉球史上首次冊封 ・1406年，尚巴志滅武寧，成爲新任中山王 ・1414年，室町幕府足立義持送文書給尚思紹，兩國建交 ・1416年，尚巴志擊敗攀安知，消滅北山 ・1420年，中山與暹羅（泰國）建交 ・1427年，懷機於首里城建設「龍潭」 ・1429年，尚巴志消滅南山他魯每，統一琉球	・1368年，朱元璋建立明朝 ・1392年，日本南北朝時代結束 ・1392年，李成桂建立朝鮮國（李氏朝鮮） ・1399年，靖難之變；1402年，朱棣攻克應天府，成爲皇帝 ・1405年，鄭和開始下西洋

第一尚氏王朝	1406年尚思紹即位爲中山王 1429年尚巴志統一琉球 ～1469年	尚巴志王（含統一前共在位18年） 尚忠王（在位5年） 尚思達王（在位5年） 尚金福王（在位4年） 尚泰久王（在位7年） 尚德王（在位9年）	・1430年，明朝封琉球國，賜國王尚姓 ・1437年，琉球與爪哇建交 ・1441年，金丸仕宦於越來王子尚泰久 ・1450年，芥隱承琥至琉球傳教 ・1451年，國相懷機建造長虹堤 ・1453年，發生「志魯・布里之亂」，首里城紀錄上第一次燒毀。亂事結束後由尚泰久即位 ・1458年，鑄造萬國津梁之鐘 ・1458年，發生「護佐丸・阿麻和利之亂」 ・1466年，尚德王親征奇界島 ・1468年，金丸因屢諫尚德王都無效，下野隱居於內間 ・1469年，尚德王去世，群臣殺害王族，奉金丸爲國王。金丸改名爲尚圓	・1449年，土木堡之變 ・1467年，應仁之亂發生，日本開始進入戰國時代

第二尚氏王朝	1611年～1879年	尚圓王（在位7年） 尚宣威王（在位半年多） 尚眞王（在位50年） 尚清王（在位29年） 尚元王（在位17年） 尚永王（在位16年） 尚寧王（在位32年） 尚豐王（在位25年） 尚賢王（在位7年） 尚質王（在位21年） 尚貞王（在位41年） 尚益王（在位3年） 尚敬王（在位39年） 尚穆王（在位43年） 尚溫王（在位8年） 尚成王（在位1年） 尚灝王（在位31年） 尚育王（在位13年） 尚泰王（在位31年）	・1472年，明朝視尚圓王爲尚德王之子進行冊封 ・1477年，宇喜也嘉策動祝女逼退尚宣威王，尚眞王即位 ・1492年，圓覺寺動土，1494年完工，開山住持爲芥隱 ・1500年，尚維衡被廢太子身分；1508年恢復王子身分但又被廢 ・1500年，討伐赤蜂，征服八重山群島 ・1501年，玉陵建成 ・1502年，建造圓鑑池 ・1506年，明武宗同意琉球一年一貢 ・1519年，園比屋武御嶽石門建成 ・1522年，修建眞珠道（今首里金城町石疊道） ・1528年，首里門（今守禮門）建城 ・1531年，琉歌集《思草紙（おもろさうし）》第一卷編成；1613年第二卷、1623年第三卷完成 ・1534年，陳侃冊封尚清王，寫成最早的《使琉球錄》 ・1555年，尚清王過世，浦添親方景明（和爲美）等人違反傳位給尚元的遺囑，想另立尚鑑心爲王，但遭到新城親方安基（毛龍吟）的反對而失敗 ・1571年，尚元親征奄美大島 ・1591年，薩摩藩島津以豐臣秀吉征伐朝鮮爲由，向琉球要求糧草支援。琉球給了部分糧草，並同時通知明朝。 ・1605年，野國總管傳入番薯，往後經儀間眞常擴大種植 ・1606年，鄭迥（謝名親方）升爲三司官，爲久米漢人後代第一位三司官 ・1609年，薩摩軍進攻琉球，俘虜尚寧王	・1511年，葡萄牙殖民馬六甲 ・1519年，寧王宸濠之亂 ・1557年，葡萄牙人取得澳門 ・1581年，張居正推行一條鞭法 ・1582年，張居正過世，明神宗開始不上朝 ・1591年，豐臣秀吉統一日本；1592年出兵朝鮮 ・1600年，關原之戰，由德川家康爲首的東軍獲勝；1603年，德川家康成立江戶幕府

參考書目

古籍

羽地朝秀，《中山世鑑》，1650
蔡鐸、蔡溫等著，《中山世譜》，1697至1876
蔡溫、鄭秉哲等著《球陽記事》，1743至1876
程順則，《雪堂燕遊草》
程順則，《雪堂雜組》
陳侃，《使琉球錄》，1534
夏子陽，《使琉球錄》，1606
張學禮，《使琉球紀》，1664
張學禮，《中山紀略》，1664
汪楫，《使琉球雜錄》，1684
徐葆光，《中山傳信錄》，1721
李鼎元，《使琉球記》，1802
沈復，《浮生六記》〈中山記歷〉，1808（僞作）

日文書籍

いのうえちず主編，《モモト》雜誌系列，編集工房東洋企画，2010/01至20220/04（共41冊，仍持續出版中）
仲村顕、安室二三雄，《絵で読む琉球人物史》，沖縄文化社，2015/04/01
楳沢和夫，《これならわかる　沖縄の歴史》，大月書店，2003/01/20
沖縄歴史教育研究会，《三訂版　高等学校琉球、沖縄の歴史と文化》，株式会社東洋企劃，2017/03/31
新城俊昭，《琉球・沖縄　歴史人物伝》，沖縄時事出版，2007/01
新城俊昭、西銘章、高良由加利、比嘉悦子、仲村顕，《歴史さんぽ 歩く見る琉球・沖縄》，2015/04，琉球新報社
仲村顕，《はじめての象棋―沖縄の伝統将棋―》，編集工房東洋企画2011/08/18
那覇市教育委員会，《那覇市の文化財》，那覇市市民文化部，2007/03
高良倉吉、金城正篤，《「沖縄学」の父 伊波普猷（新訂版）》，清水書院，2017/07/30
高良倉吉、垂見健吾，《沖縄の世界遺産　琉球王国への誘い》，JTBパブリッシング，2013/03/01

高良倉吉，《図説琉球王国》，河出書房新社，1993/02
高良倉吉，《琉球王国の構造》，吉川弘文館，1987/10
上里隆史，《沖縄の名城を歩く》，吉川弘文館，2019/02/22
上里隆史，《マンガ沖縄・琉球の歴史》，河出書房新社，2016/08/29
上里隆史，《尚氏と首里城》，吉川弘文館，2015/12/25
上里隆史、和々，《琉球戦国列伝 駆け抜けろ！古琉球の群星たち！ 歴史ビジュアル》，ボーダーインク，2012/03/31
上里隆史，《目からウロコの琉球・沖縄史 最新歴史コラム》，ボーダーインク，2007/02
上里隆史，《誰も見たことのない琉球 〈琉球の歴史〉ビジュアル読本》，ボーダーインク，2008/06
徳元大也，《沖縄伝説の歩きかた》，沖縄文化社，2016/09/16
与並岳生，《新琉球王統史》，新星出版，2005/10至2006/08（共20冊）
JCC出版部、井上秀雄，《絵で解る琉球王国歴史と人物 1》，JCC出版，2011/08
JCC出版部、井上秀雄，《絵で解る琉球王国歴史と人物 2》，JCC出版，2018/10/29
那覇歴史博物館，《琉球王国尚家の人々～海を渡った宝物～》，2011
那覇歴史博物館，《王家の宝刀》，2011
山口栄鉄，《琉球王朝崩壊の目撃者 喜舎場朝賢》，芙蓉書房出版，2019/07/12

川畑恵，《尚泰 最後の琉球王》，山川出版社，2019/07/31
津田邦宏，《沖縄処分 臺湾引揚者の悲哀》，2019/05/24
仲間勇栄，《蔡温と林政八書の世界》，榕樹書林，2017/07/19
佐藤亮，《琉球王国を導いた宰相蔡温の言葉》，ボーダーインク，2016/04/09
玉城朝薫、安室二三雄、岡田輝雄，《執心鐘入 組踊》，琉球新報社，2003/12
安次富順子，《琉球王朝の料理と食文化》，琉球新報社，2016/02/20
安次富順子，《琉球菓子》，琉球新報社，2017/08/01
中城村・北中城村文化財案内人サークル「グスクの会」ガイドブック編集委員会，《雅なグスク世界遺産中城城跡 関連遺産が語る中城グスクの歴史》，沖縄時事出版，2016/06/30
沖縄タイムス社，《首里城 歴史をひもとき写真で解説する「首里城のすべて」報道写真集》，沖縄タイムス社，2019/11/20
岡田輝雄，《甦れ！首里城 報道写真と記事でたどる歴史》，琉球新報社，2019/12/21

中文書籍

高良倉吉著、蘆荻譯，《琉球的時代：偉大歷史的圖像》，聯經，2018/04/12
陳舜臣著、許錫慶譯，《琉球之風》，遠流，1994/01/01

又吉盛清著、魏廷朝譯，《日本殖民下的臺灣與沖繩》，前衛，1997/12

陳捷先，《明清中琉關係論集》，三民，2019/06/07

陳新炎，《約翰·万次郎傳奇一生》，允晨文化，2019/10/01

陳健瑜，《琉球：海上王國五百年(世界遺產之旅7)》，國立臺北藝術大學，2012/10/01

沖繩自古以來，不是日本神聖不可分割的一部分：琉球王國的前世今生

作　者—朱宥任
主　編—李國祥
企　畫—張瑋之
編輯總監—蘇清霖
董事長—趙政岷
出版者—時報文化出版企業股份有限公司
108019臺北市和平西路三段二四〇號三樓
發行專線—（〇二）二三〇六—六八四二
讀者服務專線—〇八〇〇—二三一—七〇五
（〇二）二三〇四—七一〇三
讀者服務傳真—（〇二）二三〇四—六八五八
郵撥—一九三四四七二四時報文化出版公司
信箱—10899臺北華江橋郵局第九九信箱
時報悅讀網—http://www.readingtimes.com.tw
電子郵箱—genre@readingtimes.com.tw
法律顧問—理律法律事務所　陳長文律師、李念祖律師
印　刷—華展印刷有限公司
初版一刷—二〇二二年七月二十二日
定價—新臺幣四二〇元

時報文化出版公司成立於一九七五年，
並於一九九九年股票上櫃公開發行，於二〇〇八年脫離中時集團非屬旺中，
以「尊重智慧與創意的文化事業」為信念。

沖繩自古以來，不是日本神聖不可分割的一部分：琉球王國的前世今生 / 朱宥任著. -- 初版. -- 臺北市：時報文化出版企業股份有限公司, 2022.07
面；　公分. -- (History；98)

ISBN 978-626-335-693-1(平裝)

1.CST: 歷史 2.CST: 琉球

731.7881　　111010518

ISBN 978-626-335-693-1
Printed in Taiwan